성공의 문을 여는
마스터키

The Master Key System
by Charles F. Haanel
Copyright © Charles F. Haanel

성공의 문을 여는 마스터키

2005년 6월 15일 초판 1쇄 발행. 2022년 5월 20일 개정판 23쇄 발행. 찰스 해낼이 쓰고 김우열이 옮겼습니다. 박정은이 펴내고, 이홍용이 편집하였으며, 박소희가 표지 및 본문 디자인을 했습니다. 인쇄 및 제본은 상지사에서 하였습니다. 출판사 등록일 및 등록번호는 2003. 2. 11. 제2017-000092호이고, 주소는 서울시 은평구 은평로3길 34-2, 전화는 (02) 3143-6360, 팩스는 (02) 6455-6367, 이메일은 shantibooks@naver.com입니다. 이 책의 ISBN은 978-89-91075-53-5 03320이고, 정가는 15,000원입니다.

이 도서의 국립중앙도서관 출판시도서목록(CIP)은 e-CIP홈페이지(http://www.nl.go.kr/ecip)와 국가자료공동목록 시스템(http://www.nl.go.kr/kolisnet)에서 이용하실 수 있습니다.(CIP제어번호: CIP2010000781)

성공의 문을 여는
마스터키

찰스 해낼 지음 | 김우열 옮김

【산티】

옮긴이 말 [8]

이 책을 읽기 전에 [16]

첫 번째 7일	마스터키 시스템이 무엇인가 [20]
두 번째 7일	마음에 관한 기초 지식 [34]
세 번째 7일	당신의 심적 자원을 깨달아라 [47]
네 번째 7일	과정을 뒤집자, 원인에서 결과로 [59]
다섯 번째 7일	창조적인 마음 [71]
여섯 번째 7일	사람의 뇌 [83]

일곱 번째 7일	전능한 힘 활용하기 [95]
여덟 번째 7일	생각과 그 결과 [108]
아홉 번째 7일	자기 암시와 마음 [120]
열 번째 7일	확실하고 분명한 원인 [134]
열한 번째 7일	귀납 추리와 의식 [146]
열두 번째 7일	집중의 힘 [159]

열세 번째 7일	꿈꾸는 자의 꿈 171
열네 번째 7일	생각의 창조력 183
열다섯 번째 7일	우리를 다스리는 법칙 194
열여섯 번째 7일	영적인 깨우침을 얻자 205
열일곱 번째 7일	상징과 실재 218
열여덟 번째 7일	끌어당김의 법칙 230

열아홉 번째 7일	마음의 양식 241
스무 번째 7일	만물의 혼 252
스물한 번째 7일	크게 생각하자 264
스물두 번째 7일	영적인 씨앗 276
스물세 번째 7일	성공의 법칙은 봉사이다 288
스물네 번째 7일	연금술 299

옮긴이 말

안다, 당신이 왜 이 책을 집어 들었는지. 당신은 원한다. 바란다. 그리고 기도한다. 그렇기 때문에 뭔가를 찾았고, 그러다가 여기까지 오게 되었다. 당신 안에서 무언가가 당신을 이리로 이끌고 온 것이다.

약 100년 전에 씌어진 책이 하나 있다. 몇몇 기업가들에게 서신 강의 형태로 전달한 책이었다. 책을 읽은 사람들은 그 효과를 체험하더니, 책이 다른 이들에게 알려지지 않기를 바랐다. 그러나 몇 년 뒤에 저자가 생각을 바꿔 더 많은 사람에게 책을 공개했다. 그리고 곧 당시로서는 상당한 부수가 팔려나갔다. 그런데 어찌된 일인지 책이 사라졌다. 어떤 세력이, 대중들이 이 책을 읽지 못하게 하려고 막아버렸던 것이다. 그러고는 저자가 죽은 지 50년이 지나도록 이 책은 감춰졌다. 몇몇 사람들 사이에서만 전달되면서.

실리콘 밸리에서 성공한 기업가들 중에도 이 책을 연구하고 실천한 사람이 많다고 한다. 소문인지 진실인지 모르지만, 빌 게이츠는 이 책을 읽고 대학을 그만두고 자기 사업을 시작했다고 한다. 저자가 죽은 지 50년이 지나자, 저작권 문제가 풀리면서 이 책은 다시 세상에 나타나게 되었다. 그리고 우여곡절을 겪은 끝에, 지금 당신 손에 있다.

처음 이 책이 내 손에 들어온 것은 벌써 몇 년 전이었다. 이 책을 읽고 들떴던 나는 곧 출판할 계획을 세웠다. 그리고 거의 실현되었다. 그런데 갑자기 중단되었다. 뭔가가 가로막는 듯한 느낌이었다. 그리고 해를 넘긴 뒤에, 다시 우연한 경로를 거쳐 내 손에 들어왔다. 마치 보이지 않는 어떤 끈으로 나와 연결되어 있기라도 하듯, 그렇게 내게 다시 온 책이었다.

흥미로운 이야기를 하나 보자. 약간 지능이 떨어지는 듯한 사람이 하나 있다. 그런데 희한하게 그는 무슨 일을 해도 성공한다. 사업을 해도 성공하고, 운동을 해도 성공하고, 매체에도 오르내리고, 많은 걸 성취했다. 늘 즐겁고 행복해 보인다. 이 지능이 떨어져 보이는 이의 친구 중에 나름대로 똑똑한 사람이 하나 있다. 그런데 이상하게도 그는 무슨 일을 하든지 실패한다. 사업을 해도 실패하고, 연애를 해도 실패하고, 심지어

도둑질도 실패한다. 그리고 인생의 낙오자가 되었다.

당신이라면 둘 중 어떤 사람이 되고 싶은가? 대답은 들어보나 마나겠다. 그렇다면 지능이 떨어지는 사람이 모든 일에서 성공하고, 똑똑한 사람이 모든 일에서 실패한 이유는 뭘까?

성공. 짧지만 여러 가지 뜻이 담긴 강력한 단어. 이 단어를 현실로 만들려고 얼마나 많은 사람들이 어제도 오늘도 또 내일도 뛰는지 생각해 보면, 정말 대단한 단어다. 세상에서 성공하기를 원치 않는 사람은 없다. 누구나 성공하기를 바라고 기도하고 또 그러려고 노력한다.

물론 성공은 반드시 사회적인 성공만을 뜻하지는 않는다. 어떤 목표든 그것을 해낸다는 뜻이다. 부자가 되려는 사람에게는 '부유함'이 곧 '성공'을 뜻하고, 훌륭한 축구 선수가 되려는 사람에게는 '출중한 기술'이 곧 '성공'을 뜻하듯, 누구나 각자 바라는 바에 따라 성공을 추구한다.

그러나 다 알다시피 성공하는 사람은 드물다. 역사상 어떤 시대를 보더라도 성공하는 사람이 그렇지 못한 사람보다 많은 시기는 없었다. 어떤 나라와 사회를 보더라도 마찬가지다. 그 이유는 뭘까? 왜 누구는 성공하는데, 누구는 그렇지 못할까?

물론 사람마다 운명이 있다. 그리고 운명은 분명히 인간의 삶을 지배한다. 그러나 우리는 운명을 모른다. 그러므로 운명은 존재하면서 동시에 존재하지 않는다. 그렇다. 당신이 성공하면 성공할 운명이고, 실패하면 실패할 운명이었던 셈이다.

그러면 어째서 앞서 이야기한 바보는 성공하는데 똑똑한 친구는 실패하는 걸까? 대답은 의외로 간단하다. 바로 '습관'이다. 앞서 이야기한 바보는 지능이 부족했지만, 성공으로 이끄는 '생각'과 '말'과 '행동'을 습관처럼 하며 살았다. 그렇기에 자기도 모르는 새 모든 일에서 성공했다. 그러나 반대로 영재는 똑똑했지만, 실패로 이끄는 '생각'과 '말'과 '행동'을 습관처럼 하며 살았다. 그러니 아무리 노력해도 실패할 수밖에. 생각이 바뀌면 말이 바뀌고, 말이 바뀌면 행동이 바뀌고, 행동이 바뀌면 운명이 바뀐다고 한다. 언제나 문제는 생각이다. 그리고 생각을 바꾸면 모든 게 바뀌기 시작한다.

얼굴이 못생긴 두 여자가 있다. 누가 보기에도 예쁘고 멋진 외모는 아니다. 그러나 두 사람에게는 다른 점이 있다. 한 사람은 다른 사람들 이야기를 듣고 거울을 보면서 '난 왜 이렇게 못생겼지? 정말 짜증나. 이런 얼굴로 어떻게 성공하겠어. 못생긴 부모를 만난 탓이야' 하고 생각한다. 또 한 사람은 비슷하게 못생겼지만 거울을 보면서 '넌 예뻐. 넌 멋져. 그리고 넌 행복해질 거고 성공할 거야' 하고 자기 암시를 걸듯 말한다.

두 사람은 미래에 어떻게 되었을까? 전자는 점점 더 못생겨지고, 자신감을 잃고, 불행해진다. 후자는 점점 자신감이 생기고, 멋있어지고, 그에 따라 외모도 나아진다. 적어도 다른 사람들이 보기에 예쁘지는 않아도 인상이 좋고 멋져 보인다. 또 그러면서 좋은 사람들이 모여들어 성공하게 된다.

출발할 당시에 두 사람의 '외부 조건'은 같았다. 그러나 '내부 조건'은 달랐다. 그 한 가지 눈에 보이지 않는 차이가 10년, 20년 뒤에는 눈에 보이는 엄청난 차이로 나타났다.

위 사례는 단순한 이야기가 아니라 현실이다. 실제로 이런 일이 일어났고 일어나고 있다. 이것은 '생각'이 곧 '미래'를 결정한다는 사실을 보여주는 증거이다.

어떤 사람은 말한다. 생각은 외부 사건을 보고 일으키는 '반응'일 뿐이라고. 그 말도 일리가 있다. 거울을 봤더니 못생겼다는 생각이 들었을 뿐이라고 말할 수도 있다. 그러나 '그 다음에' 일어나는 생각은 '반사 작용'이 아니라 '자발적인 과정'이다. 거울을 보고 못생겼다는 생각을 반사적으로 한 뒤에 다시 생각을 고쳐먹고, '그래도 넌 예뻐질 거야. 예뻐질 수 있어. 반드시 멋있어질 거야' 하고 생각할 수 있다. 그렇지 않은가?

그러나 사람들은 대부분 그냥 습관을 따라서 생각하고, 말하고, 행동하고, 그렇기에 원하는 것을 얻지 못한다. '의식적으로 선택하지' 못한다. 한마디로 '무얼 어떻게 생각해야 하는지' 알지 못한다. 이것이 바로 이 책에서 당신이 배울 내용이다. 무얼 어떻게 생각해야 하는가. 이 책은 당신이 원하는 바를 이루기 위해서 어떻게 생각해야 하는지, 또 어떻게 생각을 제어할 수 있는지 알려준다. 그리고 그것을 실천하기 위한 '훈련법'도 제시한다. 단순한 이론서가 아니다.

별달리 노력하지도 않는데 성공하는 사람을 본 적이 있는가? '저 사람은 별로 대단한 것 같지도 않은데 어떻게 저렇게 하는 일마다 잘되지?' 하고 생각한 적이 있는가? 바로 그것이다. 당신이 바로 그런 사람이 될 수 있다. 이 책에 기록된 내용을 받아들이고, 거기에 제시된 훈련법을 꾸준히 연습하기만 하면 된다. 훈련법이라고 해서 대단히 어렵고 힘든 '노동'을 상상할 필요는 없다. 그러나 인내심은 필요하다.

이 책이 '완벽한' 책은 물론 아니다. 세상에 완벽한 책이란 없으니까. 그러나 분명 이 책에는 다른 책에서는 보지 못하는 힘과 특징이 있다. 그리고 실제로 효과도 있다. 이것은 내가, 또 수많은 사람들이 직접 실험해 보고 내린 결론이다.

뭔가 바꾸고 싶은가? 뭔가 달라졌으면 하는가? 이건 아닌데 싶으면서도 정확히 뭘 어떻게 바꿔야 좋을지 모르겠는가? 그렇다면 이 책에 제시된 마스터키 시스템을 연구하자. 차근차근히 읽고 그 안에 담긴 내용을 하나씩 깨우쳐 나가자. 그리고 각

장의 끝에 기록된 연습을 실제로 따라하자. 그러면 천천히, 그러나 분명하게 당신의 생각이 변하고 있음을 느끼게 되고, 점차 자신을 둘러싼 모든 것이 변한다는 사실을 발견할 것이며, 마침내 자신이 원하던 바로 그 사람이 되고 있음을 깨달을 것이다.

  상상해 보라. 당신이 원하는 모습이 자신의 현실이 되었을 때 어떤 느낌일지를. 즐겁지 않은가? 가슴 뛰지 않는가? 이제 책장을 넘겨 이 안에 담긴 모든 철학과 실제적인 방법을 배우고 터득할 일만 남았다.

옮긴이 김우열

이 책을
읽기 전에

      이 책을 좀더 쉽게 이해할 수 있도록 다음 몇 가지 사항을 언급해 둔다.

1. 이 책에서 가장 중요한 개념으로 쓰이는 낱말 가운데 '우주의 마음Universal Mind'이 있다. 이것은 흔히 사람들이 '신'이라는 이름으로 '인격화된 존재'를 나타내는 낱말과 사실상 동의어이다. 다만 읽어나가면서 알게 되겠지만, 저자는 이를 인격화된 존재로 보지 않고, 모든 존재의 마음이 합해진 것으로 설명한다. 그러나 그 특성이나 본질은 우리가 생각하는 신과 유사하다. 저자는 이것이 전지전능하고, 창조력이 있으며, 실제로 만물을 창조하는 존재라고 본다. 책에서 이 존재는 '우주의 마음' '무한한 마음Infinite Mind' '무한한 공급원Infinite Supply' '영원한 마음Eternal Mind' 등과 같은 여러 가지 표현으로 바뀌어 등장한다. 이런 낱말들이 나타날 때 모두 같은 의미임을 염두에 두자.

2. '마음mind'과 '영혼soul'은 여기서 동의어로 사용된다. 따

라서 '심적^{mental}'이라는 말과 '영적^{spiritual}'이라는 말도 동의어이다. 또 '정신'도 같은 의미로 쓰인다.

3. 이 책에 나오는 '창조적^{creative}'이라는 단어는 '창조할 능력이 있고, 실제로 창조하는'을 뜻한다.

4. '내부^{subjective}'와 '외부^{objective}'가 자주 등장하는데, 내부는 인간의 내면, 곧 정신, 마음, 영혼을 뜻하고, 외부는 인간의 외부에 존재하는 세상, 세계, 우주 등을 뜻한다.

5. '조건^{condition}'이라는 말은 '신체 조건'과 같이 사람의 외적·내적 상황이나 여건을 가리킨다. 대부분의 경우 '어떤 일을 하는 데 필요한 조건'과는 다른 의미로 쓰였다.

6. '나타나다' '형상화되다' '표현되다' '드러나다' '외형화되다' '실현되다' '현실이 되다' 등의 표현도 자주 보이는데, 이것들 역시 모두 같은 의미이다. '외적인 모습, 형상을 갖고 외부 세상에 나타난다'는 뜻이다.

7. '유한함'은 인간적인 모든 것을, '무한함'은 신적인 것, 다시 말해서 우주의 마음에 해당하는 것을 의미한다. 간단하게

는 '유한함'은 인간을, '무한함'은 우주의 마음을 뜻한다고 보아도 무방하다.

이와 같은 점을 마음에 두고, 열린 마음으로 차분하게 읽어 나가기를 권한다.

저자는 핵심이 되는 내용을 반복해서 설명하는데, 여기에도 분명한 의도가 있다. 본문에서도 언급하듯이, "처음 어떤 지식을 접하게 되면, 그것을 받아들이고 이해할 뇌세포가 존재하지 않는 탓에 이해할 수가 없기 때문"이다. 그래서 반복 언급함으로써 차츰 이해의 깊이가 더해지도록 안배했다. 처음 읽으면서 언뜻 이해가 되지 않더라도, 좀더 고찰하고 고민하는 과정을 거치면서 연습 과제들을 수행한다면, 차츰 이해가 깊어질 것이다.

또 저자도 강조하고 머리말에도 나와 있듯이, 이 책은 읽는 데서 그쳐서는 도움이 되지 않는다. 이 책은 철저히 '실질적인' 책이다. 따라서 지식을 쌓을 목적으로 읽을 것이 아니라,

내용을 습득하고 각 장에 나오는 연습을 철저히 터득할 필요가 있다. (무슨 고행을 하라는 것이 아니라는 사실은 금세 알게 된다. 건강해지기 위해 가볍게 달리는 것과 비슷하다.) 준비가 되었다면, 이제 출발하자.

옮긴이

첫 번째 7일

마스터키
시스템이 무엇인가

1 부가 부를 부른다는 말은 모든 면에서 진실이다. 가난이 가난을 부른다는 것도 마찬가지다.

2 마음은 창조적이다. 삶의 모든 경험과 상황과 환경은 습관적 혹은 지배적인 마음가짐의 결과이다.

3 마음가짐은 반드시 생각에 의존한다. 그러므로 모든 힘과 성취와 소유의 비결은 어떻게 생각하는가에 달려 있다.

4 이것이 참인 이유는, 먼저 우리가 어떤 '존재'가 되어야만 '행'할 수 있고, 그 '존재'의 역량만큼만 '행'할 수 있으며, 게다가 '존재'란 '생각'에 좌우되기 때문이다.

5 소유하지 않은 힘을 쓸 수는 없는 법이다. 힘을 소유하는 유일한 방법은 힘을 의식하는 것이다. 힘을 의식하는 유일한 방법은 모든 힘이 내부에서 나온다는 사실을 배우는 것이다.

6 내부에는 하나의 세계가 존재한다. 생각과 느낌과 힘의 세계, 빛과 생명과 아름다움의 세계가. 비록 보이지 않지만 그 힘은 강대하다.

7 내부 세계는 마음의 지배를 받는다. 이 세계를 발견하면 모

든 문제의 해결책, 다시 말해서 모든 열매의 씨앗을 얻게 된다. 또한 내부 세계를 다스리게 되면, 힘과 소유의 모든 법칙을 다스릴 수 있다.

8 외부 세계는 내부 세계의 그림자이다. 외부에 나타나는 현상은 이미 내부에 존재했던 것이다. 우리는 필요한 모든 것에 대한 무한한 공급원, 무한한 힘, 무한한 지혜를 내부 세계에서 찾을 수 있다. 드러나고 계발되며 표현되기를 기다리는 공급원과 힘과 지혜를 말이다. 내부 세계에서 이러한 잠재력들을 인식하면, 그것들은 외부 세계에서 형상화되어 나타날 것이다.

9 내부 세계가 조화로우면, 외부 세계에서 조화로운 여건과 우호적인 환경과 모든 최상의 것들이 나타나게 된다. 내부 세계의 조화는 건강의 초석이요, 모든 위대함과 힘과 업적과 성취 그리고 성공의 필수 요소이다.

10 내부 세계가 조화롭다는 말은, 자신의 생각을 제어하는 능력과, 어떤 경험을 했을 때 거기에서 얼마나 영향을 받을지 스스로 결정하는 능력이 있다는 뜻이다.

11 내부 세계가 조화로우면 낙천적이고 풍요로워지며, 내부가 풍요로우면 외부도 풍요로워진다.

¹² 외부 세계는 내부의 의식 상태와 환경을 반영한다.

¹³ 내부 세계에서 지혜를 얻으면, 그 세계에 감춰진 놀라운 잠재력을 알아보는 힘이 생기고, 이러한 잠재력을 외부 세계에 실현시킬 능력도 갖게 된다.

¹⁴ 내부 세계의 지혜를 의식하게 되면 마음속에서 그 지혜를 소유하게 되고, 마음속에서 지혜를 소유하게 되면 완벽하고 조화로운 성장에 필요한 요소들을 실현시킬 힘과 지혜를 실제로 소유하게 된다.

¹⁵ 내부 세계는 실질적인 장으로서, 강한 사람이 용기, 희망, 열의, 자신감, 믿음, 신뢰를 만들어내고, 이러한 자질들을 통해 선견지명을 계발하며, 이를 현실로 바꿀 실질적인 기술을 터득하는 곳이다.

¹⁶ 삶은 외부에서 덧붙이는 것이 아니라 내부로부터 드러나는 것이다. 외부 세계에서 우리에게 다가오는 것은 이미 내부 세계에서 우리가 가진 것이다.

¹⁷ 모든 소유는 의식에 좌우된다. 언제나, 이득은 모으려는 의식의 결과이고, 손실은 흩뿌리려는 의식의 결과이다.

18. 마음의 능률은 조화로움의 정도에 따라간다. 불화는 혼돈을 의미한다. 따라서 힘을 얻으려는 자는 반드시 섭리와 조화를 이루어야 한다.

19. 우리는 외부 의식objective mind에 의해 외부 세계와 연결되어 있다. 두뇌는 외부 의식의 기관이고, 우리는 중추 신경계를 통해 몸의 모든 부분과 의식적으로 소통하게 된다. 중추 신경계는 빛과 열과 냄새와 소리와 맛, 즉 오감에 반응한다.

20. 외부 의식으로 바른 생각을 할 때, 외부 의식으로 진리를 이해할 때, 중추 신경계를 통해 몸에 전달된 생각이 건설적일 때, 다섯 가지 감각은 유쾌하고 조화롭게 된다.

21. 그 결과 힘과 생기와 모든 건설적인 힘이 몸에 쌓이게 된다. 그러나 바로 같은 외부 의식을 통해서 온갖 고뇌와 질병과 결핍과 한계, 모든 불화와 부조화도 발생된다. 그러므로 외부 의식으로 그릇된 생각을 하면 엄청난 파괴의 힘에 연결되는 셈이다.

22. 우리가 내부 세계와 연결되는 통로는 잠재 의식sub-conscious mind이다. 태양신경총solar plexus[1]은 잠재 의식의 기관이다. 교감 신경계는 주관적인 감각, 이를테면 기쁨, 두려움,

사랑, 감정, 호흡, 상상, 그리고 여타 모든 잠재 의식적 현상을 다스린다. 우리는 잠재 의식을 통해서 우주의 마음Universal Mind[2]과 연결되고, 우주의 무한한 창조력과 가까워진다.

23. 이 둘(외부 의식과 잠재 의식)을 조화롭게 하고 각각의 기능을 이해하는 일이 삶의 커다란 비밀이다. 이것을 알면 외부 의식과 내부 의식subjective mind을 조화롭게 할 수 있고, 그리하여 무한함과 유한함을 조화롭게 할 수 있다. 미래는 완전히 우리 통제하에 있다. 변덕스럽고 불확실한 외부 힘에 좌우되는 것이 아니다.

24. 전 우주에 퍼진 유일한 원리(의식)[3]가 모든 공간을 가득 메우고, 본질적으로 어느 곳에서나 동일하다는 점은 누구나 인정

---

[1] 인체에서 가장 큰 교감 신경총神經叢으로 복부에 위치한다. 횡격막 아래의 복부 기관에 신경을 공급한다. 미주 신경과 내장 신경의 분지로 구성된다. 복부의 뇌라고도 불린다. ―옮긴이

[2] 이 책에서뿐 아니라 서양의 여러 책에서 우주의 마음이라는 이름을 사용하는데, 사실 이 이름이 지칭하는 존재는 우리가 흔히 말하는 '신'이다. 전지전능한 힘을 갖고 어디에나 있는 이 존재는 인간의 내면에도 존재하는데, 인간의 내면에서는 마음mind으로 존재한다. 그리고 어디에나 존재하기에 포괄적universal이라 할 수 있다. 그래서 붙은 이름이 우주의 마음이다. 단 신에도 다양한 차원과 등급이 있으므로, 저자가 지칭하려는 존재가 무엇인지는 때에 따라 달라질 것이다. ―옮긴이

[3] 원리란 영문으로 Principle을 옮긴 것인데, '불변의 원리로서의 우주의 마음'을 의미한다. 모든 것의 근본이 되는 원리라는 뜻으로, 이 책에서뿐 아니라 영성을 다루는 여러 책에서 이 단어를 사용하고 있다. ―옮긴이

한다. 이 원리(의식)는 전지전능하고 무소부재하다. 모든 생각과 물질이 그 안에 존재한다. 그것은 삼라만상에 존재한다.

25 우주에는 생각할 수 있는 유일한 의식(우주의 마음을 가리킴—옮긴이)이 존재한다. 이것이 생각을 일으키면, 그 생각은 그것이 일으킨 생각의 '대상'으로 바뀐다. 이 의식은 어디에나 존재하고, 따라서 모든 사람의 내부에도 존재한다. 각 사람은 그 전지전능하고 무소부재한 의식이 외부로 표현된 것이다.

26 우주에는 생각할 수 있는 의식이 오직 하나만 존재하므로, 우리의 의식은 우주의 의식과 동일하다. 다시 말해서 모든 마음은 하나로 연결된다. 이 결론을 벗어날 수는 없다.

27 우리 뇌세포에 모이는 의식은 다른 사람의 뇌세포에 모이는 의식과 동일하다. 각 사람은 우주의 마음이 개별화된 존재이다.

28 우주의 마음은 정지된 상태 또는 잠재적인 상태의 에너지이다. 그것은 그저 존재할 뿐이다. 우주의 마음은 오직 개별화된 마음(각각의 사람)을 통해 외부 세계에 작용할 수 있고, 개별화된 마음은 오직 우주의 마음을 통해 창조할 수 있다. 둘은 하나이다.

29 한 사람의 사고 능력이란 우주의 마음에 작용하여 그것을 외부 세상에서 나타나게 하는 능력이다. 인간 의식이란 결국 사고하는 능력을 말한다. 워커Walker는 이렇게 말했다. "마음 자체는 미세한 형태의 정적인 에너지로 추정되고, 여기에서 마음의 동적인 상태인 '생각'이라는 활동이 생겨난다. 마음은 정지된 에너지요, 생각은 움직이는 에너지다. 둘은 동일한 존재의 다른 양상이다." 그러므로 생각은 정지된 마음을 동적인 마음으로 전환함으로써 형성되는 '진동[4]하는 힘'이다.

30 모든 특성들attributes이 우주의 마음에 담겨 있고 우주의 마음은 전지전능 무소부재하므로, 이 특성들은 모든 개인의 내부에 잠재적인 형태로 항상 존재하는 것이 틀림없다. 따라서 우리가 뭔가를 생각하면 그 생각은 그에 부합하는 어떤 조건을 만들어낼 수밖에 없다.

31 그러므로 모든 생각은 원인이요, 모든 외부 조건은 결과이다. 이런 까닭에 원하는 조건을 만들기 위해서는 생각을 다스리는 일이 절대적으로 필요하다.

---

[4] 진동vibration에 대해서는 앞으로도 계속 언급될 것이다. 과학계에서도 이제 널리 인정되는 바, 모든 물질의 근원은 에너지이고, 에너지가 '진동', 곧 움직이는 빠르기에 따라서 각각 다른 물질이 된다. 여기서 말하는 진동이란 에너지가 움직이는 것을 의미한다. 그러므로 진동을 바꾸면 무엇이든 바꿀 수 있다.—옮긴이

³² 모든 힘은 내부에 존재하며, 절대적으로 당신의 통제하에 있다. 이렇게 통제할 수 있으려면 정확한 지식을 갖추고 정확한 원칙을 자발적으로 훈련해야 한다.

³³ 이제 자명한 것은, 이 법칙을 철저히 이해해서 생각의 과정을 다스리는 힘을 기를 수만 있다면 어떠한 조건에든 이를 적용할 수 있다는 점이다. 다시 말해서 당신은 만물의 근본 바탕인 전능한 법칙과 의식적으로 협력하게 될 것이다.

³⁴ 우주의 마음은 존재하는 모든 원자의 생명이다. 모든 원자는 더 많은 생명이 발현되게 하려고 끊임없이 노력한다. 모든 원자에는 의식이 있고, 각각은 자신들이 창조된 목적을 실현하고자 분투한다.

³⁵ 대다수의 사람들은 외부 세계에서 살아간다. 내부 세계를 찾은 사람은 소수이다. 그러나 외부 세계를 만든 것은 내부 세계이다. 내부 세계에는 창조의 힘이 있다. 외부 세계에서 얻는 모든 것은 당신이 이미 내부 세계에서 창조한 것이다.

³⁶ 이 책을 읽으면서 당신은 외부 세계와 내부 세계의 관계를 이해할 때 어떤 힘을 갖게 될지 깨닫게 될 것이다. 내부 세계는 원인이요, 외부 세계는 결과이다. 결과를 바꾸려면 원인을 바

꾸어야 한다.

37 당신은 곧바로 이것이 매우 급진적이며 남다른 생각임을 알게 될 것이다. 사람들은 대부분 결과에 노력을 기울여 결과를 바꾸려 한다. 그렇게 해봐야 그저 한 가지 고뇌가 다른 형태의 고뇌로 바뀔 뿐임을 알지 못한다. 불화를 제거하려면 원인을 제거해야 한다. 원인은 오직 내부 세계에서만 찾을 수 있다.

38 모든 성장은 내부에서 나온다. 이는 자연이 증명해 준다. 식물과 동물, 인간은 모두 이 위대한 법칙의 살아있는 증거이다. 외부 세계에서 힘을 구하는 일은 오래 전부터 계속되어 온 잘못이다.

39 내부 세계는 무한한 공급의 샘이고, 외부 세계는 강으로 흘러나가는 배출구이다. 받아들이는 능력은 이 우주의 샘을 인식하는 정도에 따라간다. 각 사람은 그곳에서 흘러나오는 무한한 에너지가 배출되는 하나의 통로이다.

40 인식이란 하나의 정신 작용이다. 따라서 정신 활동이란 개인의 마음과 우주의 마음 사이에 일어나는 작용과 반작용이다. 우주의 마음은 삼라만상에 존재하면서 동시에 그것들에 생명을 주므로, 이러한 작용과 반작용이 곧 인과의 법칙이다. 그러

나 인과의 법칙은 개인의 마음이 아닌 우주의 마음이 통제한다. 이것은 외적 기능이 아닌 내적 과정이며, 그 결과는 무한히 다양한 조건과 경험으로 나타난다.

41 생명을 표현하려면 마음이 존재해야 한다. 마음이 없이는 무엇도 존재할 수 없다. 존재하는 만물은 그것을 창조하고 끊임없이 재창조하는 근본 원료 basic substance가 하나의 형태로 표현된 것이다.

42 우리는 마음의 원료[5]라는 광활한 창조성의 바다에서 살아간다. 마음의 원료는 영원히 살아서 움직인다. 가장 민감하기도 하다. 이것은 마음의 요구에 따라 외부 형상으로 나타난다. 생각은 이 원료가 외부로 표현되기 위한 틀 혹은 꼴을 만든다.

43 어떠한 법칙이든지 실제로 적용되기 전에는 가치를 창출할 수 없음을 기억하고, 이 법칙을 실질적으로 이해하면 가난이 부로, 무지가 지혜로, 불화가 조화로, 압제가 자유로 바뀔 것임을 기억하라. 물질적·사회적 관점에서 이보다 더 큰 축복은 결코 있을 수 없다.

---

[5] 마음의 원료 mind substance는 마음이 창조하기 위해 사용하는 원재료 정도로 생각하면 좋을 것이다. 그러나 이것은 죽어 있는, 물질적인 재료가 아니라 살아있는, 지능이 있는 원료이다.—옮긴이

44 이제 적용해 보자. 방해받지 않고 혼자 있을 수 있는 방을 정하라. 곧바로 편안하게 앉되 축 처지지는 마라. 생각은 흐르는 대로 두되, 15분에서 30분 정도 전혀 움직이지 말고 앉아 있어라. 3~4일 혹은 일주일 정도 이 과정을 반복하면서 육체를 완전히 통제할 수 있게 하라.

45 어떤 사람에게는 쉽겠지만, 대다수 사람에게는 매우 어려울 것이다. 그러나 몸을 완전히 통제하는 일은 다음 과정으로 넘어가기 전에 반드시 해내야 할 부분이다. 다음 번에는 다음 단계를 위한 지침을 제시하겠다. 그 동안 이것을 완전히 터득하지 않으면 안 된다.

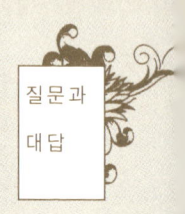

질문과
대답

외부 세계는 내부 세계와 어떻게 연관되는가?
외부 세계는 내부 세계의 그림자이다.

모든 소유는 무엇에 의존하는가?
모든 소유는 의식에 의존한다.

개개인은 어떻게 외부 세계에 연결되는가?
개개인은 외부 의식을 통해서 외부 세계와 연결된다. 두뇌는 외부 의식의 기관이다.

인간은 우주의 마음과 어떻게 연관되어 있는가?
인간은 잠재 의식을 통해 우주의 마음과 연결되어 있다. 태양신경총은 잠재 의식의 기관이다.

우주의 마음이란 무엇인가?
우주의 마음이란 존재하는 모든 원자에 깃들인 생명의 원리이다.

개개인이 우주의 마음에 작용하는 방법은 무엇인가?

개인의 사고력은 우주의 마음에 작용하는 능력이고, 그것을 외부에 나타나게 하는 힘이다.

이러한 작용과 반작용의 결과는 무엇인가?
이러한 작용과 반작용에 따라 원인과 결과가 만들어진다. 모든 생각은 원인이요, 모든 조건은 결과이다.

어떻게 해야 조화롭고 바람직한 여건을 얻을 수 있는가?
조화롭고 바람직한 여건은 바른 생각으로 얻을 수 있다.

모든 불화와 불협화음, 결핍과 한계의 원인은 무엇인가?
불화와 불협화음과 결핍과 한계는 그릇된 생각의 결과이다.

모든 힘의 근원은 무엇인가?
모든 힘의 근원은 무한한 공급의 샘인 내부 세계이고, 개개인은 이 무한한 에너지가 배출되는 하나의 통로이다.

어떤 대상이나 목적을 분명하게 생각하고 있으면,
눈에 보이는 실체로 나타나는 것은 시간 문제일 뿐이다.
항상 비전이 앞서 있고, 그 비전이 그대로 현실로 나타난다.

| 릴리언 화이팅Lillian Whiting |

두 번째 7일

마음에 관한
기초 지식

1 마음은 두 가지 활동 양식을 따라서 작용한다. 하나는 의식conscious mind이고 다른 하나는 잠재 의식subconscious mind이다. 데이빗슨 교수는 말했다. "의식의 빛으로 마음 전체를 밝히려고 생각하는 사람은 마치 촛불 하나로 온 우주를 밝히려는 사람과 다를 바 없다."

2 잠재 의식의 논리 과정은 오류의 가능성이 전혀 없을 정도로 확실하고 질서정연하게 이루어진다. 마음은 인식에 가장 중요한 기반을 준비하도록 만들어졌지만, 우리는 그 운용 방식에 대해 전혀 알지 못한다.

3 잠재 의식적 영혼은 '자애로우나 낯선 이'처럼 우리를 위해 일하고 준비해 주며, 우리에게 오로지 잘 익은 열매만을 선사한다. 그러므로 생각의 과정을 궁극적으로 분석하면 잠재 의식이 심리 현상의 가장 중요한 무대라는 점이 드러난다.

4 셰익스피어가 의식 수준에서는 일 수 없는 위대한 진실을 애쓰지 않고도 알게 된 것은 분명히 잠재 의식 덕택이다. 페이디아스Phidias[1]가 대리석상과 동상을 만들고, 라파엘이 마돈나를 그리고, 베토벤이 교향곡을 작곡한 일도 마찬가지이다.

---

[1] 그리스의 조각가. 파르테논 신전에 있는, 금과 상아로 된 아테나 파르테노스Athena Parthenos를 비롯하여 세 개의 뛰어난 아테나 상을 조각했다.―옮긴이

5 얼마나 쉽게 하느냐 얼마나 완벽하게 하느냐는 우리가 의식에 의존하기를 멈추는 정도에 따라 달라진다. 피아노 연주, 스케이트 타기, 타자기 사용, 능숙한 거래가 완벽해지려면 잠재의식이 작용해야 한다. 열띤 대화를 나누면서 동시에 훌륭한 피아노 곡을 연주하는 데서 보는 경이로움은 잠재 의식의 힘이 얼마나 큰지 보여준다.

6 모두 알다시피 우리는 잠재 의식에 상당히 의지한다. 더 훌륭하고 더 고상하고 더 위대한 생각일수록 눈에 보이지 않는 먼 곳에서 비롯된다. 우리는 스스로 전혀 알지 못하는 곳에서 시작된 또는 비롯된 예술과 음악 등에 깃들인 아름다움을 알아볼 감각과 본능과 심미안을 부여받았다.

7 잠재 의식의 가치는 엄청나다. 잠재 의식은 우리에게 영감을 주고, 경고를 해주며, 기억의 창고에서 장면과 사실과 이름들을 꺼내어 우리에게 전해 준다. 잠재 의식은 우리의 생각과 취향을 지휘하고, 의식 수준에서는 힘이 있어도 결코 해낼 수 없는 복잡한 일까지 해낸다.

8 우리는 마음대로 걸을 수 있고, 언제든지 팔을 들어올릴 수 있으며, 원하는 대상에 눈이나 귀를 이용하여 관심을 기울일 수 있다. 반면에 심장을 멈추게 하거나 혈액 순환을 멈추게 할

수 없고, 성장을 멈추게 하시나 신경이나 근육 조직이 형성되는 과정을 멈추게 할 수도 없으며, 뼈가 만들어지는 과정이나 기타 생명을 좌우하는 일을 멈추게 할 수도 없다.

9 이러한 두 가지 활동 양식을 비교해 보면, 다시 말해서 순간마다 의지가 시키는 대로 움직이는 활동과, 항상 일정하여 변화하지 않고 리듬을 타면서 장엄하게 움직이는 활동을 비교해 보면, 후자에 대한 경외심이 생겨 그 수수께끼를 알고 싶어지게 된다. 이러한 활동이 육체의 생명을 유지하는 데 필요한 과정이니만큼, 변화와 변동을 겪는 외부 의지의 영역에서 일부러 빼어내, 변하지 않고 의지할 만한 내부의 힘에 위임했다는 생각은 논리적으로 타당하다.

10 이 두 가지 힘 중 외적이고 변화하는 힘을 '의식' 또는 '외부 의식objective mind' (외부 대상을 다루는 마음)이라고 한다. 내부의 힘을 '잠재 의식' 또는 '내부 의식subjective mind' 이라고 하는데, 이는 마음의 차원에 작용할 뿐 아니라 육체의 생명 유지 기능을 제어하기도 한다.

11 우리는 이 각각이 마음의 차원에서 어떻게 기능하는지 분명하게 이해해야 하는 동시에 다른 기본적인 원칙들도 알아야 한다. 오감을 통해 인식하고 작용하는 '의식'은 외부 세계의

대상과 거기서 받은 인상을 처리한다.

12 의식에는 분별의 기능이 있는데, 이 기능으로 '선택'을 맡는다. 의식에는 추론(연역적 추론이든, 귀납적 추론이든, 분석적 추론이든, 삼단논법이든)하는 힘이 있고, 이 힘은 상당한 수준까지 계발될 수 있다. 의식은 의지^{will}의 중심이고, 의지는 이곳에서 모든 에너지를 이용한다.

13 의식은 다른 사람의 마음에 인상을 남기기도 하지만 잠재 의식을 지휘하기도 한다. 그렇기에 의식은 잠재 의식을 책임감 있게 제어하고 지켜주는 역할을 맡는다. 바로 이런 고차원적인 기능을 이용하면 삶을 완전히 뒤바꿀 수 있다.

14 두려움, 걱정, 가난, 질병, 부조화, 그리고 온갖 해악 따위가 우리를 지배하는 것은 사실, 무방비 상태에서 잠재 의식이 받아들인 그릇된 생각에서 비롯되는 경우가 많다. 의식을 단련하면 경계를 늦추지 않고서 잠재 의식을 보호하여 이를 철저히 예방할 수 있다. 이것은 거대한 잠재 의식의 땅으로 들어가는 문을 지키는 문지기라고 할 수 있다.

15 어떤 작가가 마음의 두 가지 양상이 서로 두드러지게 다른 점을 설명하여 이렇게 말했다.

16 "의식은 추론하는 의지이다. 잠재 의식은 이전에 존재하던 의식의 결과인 본능적인 욕구이다."

17 잠재 의식은 외부 출처에서 받아들인 전제들로부터 공정하고 정확한 추론을 이끌어낸다. 전제가 참이라면 잠재 의식은 틀림이 없는 결론에 이르지만, 전제가 거짓이라면 모든 것이 무너진다. 잠재 의식은 증명 과정에는 관여하지 않는다. 그릇된 인상을 받아들이느냐 않느냐는 '문지기'인 의식에게 의존한다.

18 어떤 인상을 참으로 받아들인 뒤에 잠재 의식은 곧바로 그 광활한 활동 영역에 작용한다. 의식은 참이나 거짓 모두를 잠재 의식에게 전달할 수 있다. 만일 거짓을 전달한다면 그것이 한 사람에게 미치는 악영향은 엄청나다.

19 의식은 깨어 있는 동안 쉬지 않고 일해야 한다. '문지기'가 '졸고 있거나' 차분하게 다양한 상황을 판단하시 않으면, 잠재 의식은 보호받지 못할 뿐더러 들어오는 온갖 인상에 무방비 상태가 된다. 공포심으로 매우 흥분된 상태나 분노가 극에 달한 상태, 또는 무분별한 대중적 충동, 기타 감정이 격한 상태일 때가 가장 위험하다. 그때 잠재 의식은 주변 사람이나 환경에서 비롯된 두려움, 증오, 이기심, 탐욕, 자기 비하 혹은 다른

부정적인 인상에 노출된다. 그 결과는 대개 극도로 해롭고, 오랫동안 좋지 않은 영향을 미치기도 한다. 그러므로 그릇된 인상으로부터 잠재 의식을 보호하는 일이 매우 중요하다.

20 잠재 의식은 직관으로 인식한다. 따라서 처리 속도가 빠르다. 잠재 의식은 의식적인 추론과 같은 느린 방법을 사용하지 않는다. 사실 그런 방법은 사용할 수가 없다.

21 잠재 의식은, 심장이나 혈액처럼, 결코 자거나 쉬는 법이 없다. 잠재 의식을 향해 어떤 일이 이루어져야 한다고 언급하기만 해도, 원하는 결과를 불러올 힘이 벌써 작용하기 시작한다고 한다. 그러므로 이것이 전능한 존재와 우리를 연결해 주는 힘의 근원이다. 이것이야말로 진지하게 연구할 가치가 있는 심오한 원리이다.

22 이 법칙은 흥미로운 방식으로 적용된다. 이것을 적용하는 사람들은 이런 일을 경험한다. 어떤 사람을 만나서 힘들게 대화해야겠구나 하고 생각하고 그 사람을 만나러 갔는데, 아니! 뭔가가 앞서 그 염려하던 문제를 해결해 둔 게 아닌가. 모든 것이 조화롭게 바뀌어 있는 것이다. 사업상 어려운 문제가 생겨도 시간에 여유가 생길 뿐 아니라 적절한 해결책이 나타나기도 한다. 모든 것이 적절하게 안배되어 있는 것이다. 사실 잠재 의

식을 믿는 법을 터득한 사람은 무한한 자원을 뜻대로 할 수 있음을 알게 된다.

23 잠재 의식은 원칙과 포부가 머무는 자리이다. 예술적이고 이타적인 이상의 샘이다. 이 직관은 오직 내재된 원칙들을 무너뜨리는 고되고 긴 과정을 거쳐야만 바뀐다.

24 잠재 의식은 논쟁하듯 따지지 못한다. 따라서 그릇된 인상을 받아들였다면 그것을 극복하는 확실한 방법은 반대되는 인상을 강력하게, 반복적으로 마음속에 받아들여서 결국 새롭고 건강한 생각과 삶의 습관을 형성하는 것이다. 잠재 의식은 습관이 머무는 자리이기 때문이다. 반복해서 하는 일은 저절로 이루어진다. 그것은 더 이상 판단에 따른 행위가 아니라 이미 잠재 의식에 깊이 뿌리내린 것이다. 습관이 건전하고 바르다면 우리에게 도움이 된다. 습관이 해롭고 그릇된 것이라면 이를 치유하는 방법은 잠재 의식의 전능함을 인식하고 그러한 습관에서 자유로워지라고 제시하는 것이다. 잠재 의식은 창조력이 있고 신성한 근원에 연결되어 있으므로 곧바로 자유로움을 창조해 낼 것이다.

25 요약하자면 이렇다. 잠재 의식이 신체에 작용하는 일반적인 기능은 생명 유지와 관련되는 것으로, 여기에는 생명을 보

호하고 건강을 되살리는 일, 자식을 보살피는 일이 있다. 여기에는 모든 생명을 보존하고 전체적인 여건을 개선하려는 본능적인 욕구가 포함된다.

26 심적인 측면에서 잠재 의식은 기억의 창고이다. 잠재 의식에는 시공을 뛰어넘어 활동하는 생각의 사자使者가 살고 있다. 잠재 의식은 실질적인 주도력과 건설적인 힘의 샘이다. 그것은 습관의 집이다.

27 영적인 측면에서 잠재 의식은 이상과 포부와 상상의 근원이고, '거룩한 근원Divine Source'을 인식하는 통로이다. 이러한 측면을 인식하는 정도에 따라서 힘의 근원을 이해하는 정도도 달라진다.

28 어떤 사람은 이렇게 물을지 모른다. "잠재 의식이 어떻게 상황을 변하게 한다는 말인가?" 그 대답은, 잠재 의식이 우주의 마음의 일부이며, 따라서 본성과 바탕이 우주의 마음과 같을 수밖에 없다는 것이다. 유일한 차이는 크기이다. 전체(우주의 마음)는, 우리도 알다시피, 창조한다. 사실 그는 유일한 창조자이다. 따라서 우리는 인간의 마음도 창조를 한다는 점, 또 마음의 유일한 활동이 생각인 만큼 창조하는 것은 결국 생각이라는 점을 알게 된다.

29 하지만 단지 생각하는 일과 의식적이고 체계적이며 건설적으로 생각을 지휘하는 일은 상당히 다르다는 사실을 알아야 한다. 이렇게 생각을 지휘할 때 우리는 우주의 마음과 조화를 이루게 되고, 무한한 존재와 연결되며, 가장 강력한 힘, 곧 창조의 힘을 움직이게 된다. 이는 다른 모든 것과 마찬가지로 자연의 법칙에 따라간다. 그 법칙이란 '끌어당김의 법칙'[2] 이다. 끌어당김의 법칙이란 "마음은 창조적이고, 그 대상과 저절로 연결되어 그것이 현실로 드러나게 한다"는 것이다.

30 지난주에 나는 어떻게 하면 육체를 제어할 수 있는지 그 방법을 알려주었다. 당신이 이것을 해냈다면, 앞으로 더 나아갈 준비가 된 셈이다. 이제는 생각을 제어하는 법을 익혀보자. 되도록이면 늘 같은 방에서 같은 의자에 앉아 같은 자세를 취하도록 하라. 어떤 경우에는 같은 방에서 하기 어려울지 모른다. 그럴 때는 가능한 여건을 최대한 활용하라. 이제 이전처럼 움직임을 완전히 멈추고 생각을 억제하라. 이렇게 하면 걱정과 근심과 두려움을 다스리고 원하는 생각만 할 수 있게 될 것이다. 완전히 익힐 때까지 연습을 반복하도록 하라.

---

[2] 끌어당김의 법칙이란 영문으로 the law of attraction을 번역한 말인데, '인력의 법칙'이라고 표현할 수도 있다. 끌어당김의 법칙은 원하는 대상을 끌어당겨서 나타나게 하는 법칙이다. —옮긴이

31 한 번에 오래 하지는 못하겠지만 이 연습은 매우 중요하다. 마음의 세계에 들어오려고 끝없이 애쓰는 생각들이 얼마나 많은지 실제로 느낄 수 있기 때문이다.

32 다음에는 조금 더 재미있는 훈련 지침을 듣게 되겠지만, 그에 앞서 이것에 먼저 통달해야 한다.

질문과
대답

마음이 활동하는 두 가지 방식은 무엇인가?
의식과 잠재 의식.

용이함과 완벽함은 무엇에 의존하는가?
용이함과 완전함은 우리가 의식에 의존하기를 멈추는 정도에 따라 달라진다.

잠재 의식의 가치는 무엇인가?
잠재 의식은 우리를 인도하고, 우리에게 경고를 보내고, 생명 유지 과정을 제어하며, 기억을 보관한다. 그것의 가치는 엄청나다.

의식의 기능에는 어떤 것들이 있는가?
의식에는 분별의 기능과 추론의 힘이 있다. 의식은 의지의 중심으로 잠재 의식에 영향을 미친다.

의식과 잠재 의식의 차이는 어떻게 표현할 수 있는가?
의식은 추론하는 의지이다. 잠재 의식은 이전에 존재하던 의식의 결과인 본능적인 욕구이다.

잠재 의식에게 인상을 주려면 어떤 방법이 필요한가?
원하는 것을 마음속으로 언급한다.

그 결과는 무엇인가?
그 욕구가 커다란 전체(우주의 마음)의 움직임과 조화를 이룬다면, 결과를 일으킬 힘이 작용하기 시작한다.

이 법칙이 적용되면 어떤 결과가 나타나는가?
우리의 주도적인 마음가짐에 해당하는 상태가 환경으로 반영되어 나타난다.

이 법칙을 뭐라고 부르는가?
끌어당김의 법칙.

이 법칙은 어떻게 정의되는가?
생각은 창조하는 에너지이므로, 그 목표가 되는 대상과 저절로 연결되어 그것이 현실로 드러나게 할 것이다.

원인과 결과는 눈에 보이는 물질 세계에서처럼
감춰진 생각의 세계에서도 절대적이고 흔들리지 않는다.

| **제임스 앨런**James Allen |

세 번째 7일

당신의 심적 자원을 깨달아라

1 의식과 잠재 의식이 서로 작용을 주고받으려면 각각에 해당하는 신경 체계가 그와 유사한 상호 작용을 해야 한다. 트로워드 판사[1]는 이런 상호 작용에 영향을 주는 아주 멋진 방법을 제안했다. 그가 말했다. "중추 신경계는 의식의 기관이고 교감 신경계는 잠재 의식의 기관이다. 중추 신경계는 오감을 통해 의식적으로 인식하며 몸의 움직임을 통제하는 통로이다. 중추 신경계의 중심은 뇌에 있다."

2 "교감 신경계의 중심은 태양신경총이라고 알려진, 배 안쪽에 위치한 신경 다발에 있다. 교감 신경계는 신체의 생명 유지 기능을 무의식적으로 지원하는 심리 활동의 통로이다."

3 "두 가지 신경계의 연결은 미주 신경에서 이루어지는데, 이것은 뇌신경의 일부로 대뇌에서 나와서 흉부로 이어지고, 그곳에서 심장과 폐로 분지가 나가며, 마지막으로 횡격막을 지나가면서 교감 신경계와 합해진다. 이렇게 하여 둘이 연결되고 사람이 신체적으로 '온전한 존재'가 된다."

4 모든 생각이 뇌에서 받아들여지며 뇌가 의식의 기관이라는 점은 앞에서 본 대로이다. 바로 이곳에서 추론의 힘이 나온다.

---

[1] Thomas Troward 1847~1916. 인도의 판사로 자기 계발의 방법과 마음에 대해 글을 쓰고 강연도 자주 했다.

외부 의식(의식)은 어떤 생각을 참이라고 받아들이고 만족하게 되면, 그 생각을 내부 의식의 뇌에 해당하는 태양신경총으로 보내서 우리 육체를 만들어내거나 외부 현실로 나타나게 한다. 일단 태양신경총으로 간 생각은 더 이상 논의의 대상이 되지 않는다. 잠재 의식은 논하지 않는다. 행할 뿐이다. 잠재 의식은 외부 의식의 결론을 최종적인 것으로 받아들인다.

5 태양신경총은 신체의 태양으로 비유되어 왔다. 몸이 끊임없이 만들어내는 에너지가 분배되는 중심이기 때문이다. 이 에너지는 아주 실질적인 에너지이고, 이 태양도 아주 실질적인 태양이다. 이 에너지는 신경계를 통해 몸의 모든 부분으로 이동되며 몸을 둘러싼 대기를 통해서 방출된다.

6 이때 방사되는 에너지가 매우 강하면 그 사람에게 '자력'이 있다고 한다. 당기는 힘이 가득한 사람이라는 말이다. 그러한 사람은 좋은 일에 상당한 힘을 쓸 수도 있다. 그와 함께 하는 것만으로도 만나는 사람의 힘거운 마음에 위안이 되는 경우가 많다.

7 어떤 사람의 태양신경총이 능동적으로 활동하면서 생명과 에너지를 몸 구석구석에, 나아가 만나는 모든 사람에게 내뿜으면 기분이 좋아진다. 몸이 건강해지고 그와 만나는 모든 사람

이 기분이 좋아진다.

⁸ 태양신경총에서 에너지가 방사되는 과정에 어떤 문제가 생기면 기분도 좋지 않게 되고 몸으로 전달되는 생명과 에너지의 흐름도 멈추게 된다. 이것이 인류의 몸과 마음과 환경에서 발생하는 모든 병의 원인이다.

⁹ 신체의 태양이 더 이상 몸의 일부분에 필요한 에너지를 충분히 만들어내지 못하니 몸의 병이 생기고, 의식이 잠재 의식에게 생명력을 받아야만 그 생각을 뒷받침할 수 있는데 그렇게 하지 못하니 마음의 병이 생기며, 잠재 의식과 우주의 마음 사이의 연결에 장애가 생기니 환경의 병이 생긴다.

¹⁰ 태양신경총은 부분이 전체와 만나고, 유한이 무한이 되고, 창조되지 않던 존재가 창조되고, 우주가 개체화되며, 보이지 않는 존재가 보이게 되는 지점이다. 생명이 나타나는 곳인 태양신경총에서 만들어낼 수 있는 에너지의 양에는 한계가 없다.

¹¹ 에너지의 중심 태양신경총은 모든 생명, 모든 지능과 연결되므로 전능하다. 이것은 무엇을 지시받든지 해낼 수 있는데, 바로 여기에 의식의 힘이 개입된다. 잠재 의식은 의식이 제시하는 생각과 계획은 무엇이든 이행할 수 있고 이행할 것이다.

12 따라서 의식적인 생각은 모든 생명과 에너지가 흘러나오는 태양신경총의 주인이다. 우리가 품는 생각의 질이 태양신경총에서 퍼져나가는 생각의 질을 결정하고, 우리가 품는 생각의 색깔이 태양신경총에서 퍼져나가는 생각의 색깔을 결정하고, 우리가 품는 생각의 본질이 태양신경총에서 퍼져나가는 생각의 본질을 결정하며, 그 결과 경험의 본질을 결정한다.

13 그렇다면 우리는 단지 자신의 빛을 드러내기만 하면 된다. 더 많은 에너지를 방사할수록, 바람직하지 않은 조건들을 기쁨과 이득의 근원으로 더 빨리 바꿀 수 있다. 이제 중요한 문제는 어떻게 그 빛을 드러내는가, 어떻게 그 에너지를 만들 것인가 하는 점이다.

14 무저항적인 생각은 태양신경총을 확장시키고, 저항적인 생각은 축소시킨다. 유쾌한 생각은 태양신경총을 확장시키고, 불쾌한 생각은 축소시킨다. 용기와 힘과 자신감과 희망이 담긴 생각은 모두 그 생각과 같은 상태를 만들지만, 두려움은 빛을 내뿜기에 앞서 반드시 무너뜨려야 할, 태양신경총의 가장 큰 적이다. 이 적은 완전히 제압해야 한다. 제거해 버려야 한다. 영원히 추방해야 한다. 이것이 태양을 가리는 구름이요 영원한 그늘을 만드는 원인이다.

15 바로 이 악마야말로 우리가 과거를, 현재를, 그리고 미래를 두려워하게 되는 원인이다. 우리가 자신과 친구와 적을 두려워하고, 모든 것, 모든 사람을 두려워하는 원인이다. 두려움이 완전히 파괴될 때, 구름은 사라지고 당신은 빛날 것이다. 당신은 힘과 에너지와 생명의 원천을 발견하게 될 것이다.

16 자신이 무한한 힘과 진정으로 하나라는 점을 깨달을 때, 그리고 생각의 힘으로 어떠한 난관도 극복할 능력이 자신에게 있음을 실제로 입증하여 그 힘을 의식적으로 실감하게 될 때, 당신은 아무것도 두려워하지 않게 될 것이다. 두려움은 사라지고 당신은 타고난 권리를 행사하게 될 것이다.

17 우리가 겪게 될 경험을 결정하는 것은 마음가짐을 어떻게 하느냐 하는 것이다. 아무것도 기대하지 않으면 아무것도 얻지 못한다. 많은 것을 요구하면 더 많이 얻을 것이다. 세상이 가혹한 것은 단지 우리가 자신의 권리를 찾지 않기 때문이다. 세상의 비판이 쓰디쓴 것도 자신의 생각을 가질 공간이 없기 때문이다. 수많은 아이디어가 빛을 보지 못하는 것도 비판에 대한 두려움 때문이다.

18 그러나 자신에게 태양신경총이 있음을 아는 사람은 비판이든 무엇이든 두려워하지 않는다. 그런 사람은 용기와 자신감

과 힘을 내뿜느라 여념이 없을 테고, 성공에 대한 기대로 마음이 부풀며, 가로막아선 벽들을 산산이 허물어뜨리고 두려움이 만들어내는 의심과 망설임의 수렁을 훌쩍 뛰어넘을 것이다.

19 자신에게 건강과 힘과 조화를 의식적으로 퍼뜨릴 능력이 있음을 인식하면, 우리는 자신이 무한한 힘에 연결되어 있어 두려워할 것이 없음을 깨닫게 된다.

20 이러한 인식은 이 지식을 실제로 적용해야만 찾아온다. 사람은 행하면서 배운다. 운동 선수는 훈련을 통해 강해진다.

21 다음 문장은 상당히 중요하므로, 여러 가지 방향에서 이를 제시하여 당신이 그 온전한 의미를 모두 깨닫게 하려고 한다. 당신이 종교적인 사람이라면 "당신은 스스로 빛을 낼 수 있다"라고 표현하겠다. 당신이 자연과학에 관심이 있다면 "당신은 태양신경총을 깨울 수 있다"라고 표현하겠다. 당신이 정밀한 과학적 해석을 원한다면 "당신은 잠재 의식에 각인할 수 있다"라고 표현하겠다.

22 이렇게 각인할 때 어떤 결과가 나타나는지는 이미 설명했다. 이제 궁금한 점은 그렇게 하는 방법이다. 우리는 잠재 의식이 지능과 창조력을 갖고 있고 의지에 반응한다는 사실을 이미

배웠다. 그렇다면 원하는 인상을 심어주는 가장 자연스러운 방법은 무엇일까? 바라는 대상에 마음을 집중하는 것이다. 집중할 때 당신은 잠재 의식에 각인하고 있는 것이다.

23 이것은 유일한 방법은 아니지만, 간단하면서도 효과적일 뿐 아니라 가장 직접적이고 따라서 최고의 결과를 내는 방법이다. 이것이 바로 많은 사람들이 기적이라고 생각하는 놀라운 결과를 이루어내는 방법이다.

24 모든 위대한 발명가, 자본가, 정치가가 이 방법을 활용하여 욕구와 믿음과 신념이라는 미묘하고 보이지 않는 힘을 외부 세계에 구체적인 현실로 구현해 낼 수 있었다.

25 잠재 의식은 우주의 마음의 일부이다. 우주의 마음은 우주의 창조 원리이다. 부분과 전체는 본성과 바탕이 같을 수밖에 없다. 이 말은 잠재 의식의 창조력이 무한하다는 뜻이다. 그것은 과거의 어떤 것에 의해서도 제한을 받지 않으며, 따라서 이 창조의 원리를 적용하는 정해진 방식도 없다.

26 잠재 의식이 의지에 반응한다는 것을 알았는데, 이것은 각 사람의 의식이 우주의 마음에 깃들인 무한한 창조력을 제어할 수 있음을 뜻한다.

^{27} 이 원리를 앞으로 제시할 훈련 방식에 따라 실제로 적용할 때, 당신이 바라는 결과를 잠재 의식이 어떤 식으로 이루어낼지 미리 정해 줄 필요가 없음을 기억해 두는 편이 좋다. 유한한 존재는 무한한 존재를 가르칠 수 없다. 그저 원하는 것을 말하기만 하면 되지, 그 방법을 말할 필요는 없다.

^{28} 당신은 나뉘지 않은 존재가 나뉘는 통로이고, 이 과정은 우주의 마음의 승인을 통해 이루어진다. 원하는 결과가 나오게 하려면 그저 인식하기만 하면 되는데, 이렇게 되는 까닭은 우주의 마음이 사람의 마음을 통해서만 작용할 수 있고, 사람의 마음이 우주의 마음을 통해서만 작용할 수 있기 때문이다. 둘은 하나이다.

^{29} 이번 주에는 한 계단 더 나아가도록 하자. 이번에는 전혀 움직이지 않으면서 되도록 모든 생각을 제어해 보고 긴장을 풀고 근육을 이완시키도록 하라. 이렇게 하면 신경에서 모든 압박이 사라지고 몸을 지치게 하는 긴장감이 사라질 것이다.

^{30} 몸을 이완하는 것은 의지의 자발적인 연습이다. 당신은 이 연습이 효과가 매우 크다는 걸 알게 될 것이다. 이렇게 하면 혈액이 뇌와 몸에 자유롭게 이동하기 때문이다.

31 긴장감은 마음을 불안하게 하고 비정상적으로 작용하게 만드는 원인이다. 그것은 걱정과 불안과 두려움을 만들어낸다. 그러므로 마음이 자유롭게 제 기능을 다하도록 하려면 무엇보다도 긴장을 이완시킬 필요가 있다.

32 되도록 철저하고 완벽하게 연습하라. 마음속으로 모든 근육과 신경을 이완하겠다고 생각하라. 고요하고 평온하며 자신은 물론 세상과 조화를 이루고 있다고 느낄 때까지 그 생각을 계속하라.

33 그렇게 하고 나면 태양신경총이 작동할 준비가 다 된 셈이다. 이제 당신은 그 결과에 놀랄 것이다.

질문과
대답

의식의 기관이 되는 것은 어떤 신경계인가?
중추 신경계.

잠재 의식의 기관이 되는 것은 어떤 신경계인가?
교감 신경계.

몸이 끊임없이 만들어내는 에너지를 분배하는 중심은 어디인가?
태양신경총.

이렇게 에너지가 분배되는 데 장애가 있는 것은 무엇 때문인가?
저항적이고 비판적이며 조화롭지 못한 생각 때문이다. 특히 두려움 때문이다.

그런 장애로 생긴 결과는 무엇인가?
인류가 겪는 모든 종류의 병.

이 에너지를 제어하고 지휘하는 방법은 무엇인가?
의식적인 생각에 의해서.

어떻게 하면 두려움이 완전히 사라지는가?
모든 힘의 참 근원을 이해하고 인식함으로써 두려움을 없앨 수 있다.

살아가면서 겪는 경험들을 결정하는 것은 무엇인가?
주된 마음가짐.(평소에 하는 생각)

태양신경총을 일깨우는 방법은 무엇인가?
우리 삶에 나타났으면 하는 조건에 마음을 집중한다.

우주를 창조한 원리는 무엇인가?
우주의 마음.

오늘이 생명이요, 생명 중의 생명이라.
이 짧은 시간 안에 네 삶의 모든 진실과 진리가 있노라.
성장의 지복과, 행위의 영광과, 아름다움의 눈부심이 있노라.
어제는 꿈에 불과하고, 내일은 환영에 불과하나니.
그러나 잘 산 오늘로 인해 어제가 행복한 꿈이 되고,
내일이 희망찬 비전이 되노라. 그러니 이 날을 잘 보살피라!

| 산스크리트에서 |

네 번째 7일

과정을 뒤집자, 원인에서 결과로

1 당신이 '나'라고 할 때는 육체를 가리키는 것이 아니다. 육체는 단지 '내'가 목적을 이루기 위해 사용하는 도구일 뿐이다. '나'는 마음도 아니다. 마음 역시 '내'가 생각하고 추론하고 계획을 짜는 데 사용하는 또 다른 도구에 불과하다.

2 '나'는 분명히 몸과 마음을 제어하고 명령하는 존재이다. 몸과 마음이 무엇을 해야 하고 어떻게 움직여야 하는지 결정하는 존재인 것이다. '나'의 참된 본질을 깨달을 때 당신은 전에는 전혀 몰랐던 힘을 감지하게 될 것이다.

3 우리의 인격은 헤아릴 수 없이 많은 개성과 특성과 습관과 인간적인 특징으로 이루어졌다. 이것들은 우리가 이전에 가졌던 사고 방식의 결과이다. 하지만 참된 '나'와는 무관하다.

4 우리가 "내 생각에"라고 말할 때 '나'는 마음에게 무엇을 생각해야 하는지를 말해 준다. 우리가 "나는 간다"라고 말할 때 '나'는 몸에게 어디로 가야 하는지를 말해 준다. '나'의 참된 본질은 영적인 것이고, 사람이 자신의 참된 본질을 깨달으면 참된 힘의 근원을 얻는다.[1]

---

[1] 책 앞부분의 '이 책을 읽기 전에'에서 저자가 '마음'과 '영혼'과 '정신'을 동의어로 사용한다고 언급했는데, 이 부분에서는 '마음'을 영혼과 다른 의미로 사용하고 있다. 여기서는 '마음'을 '지성' 정도의 의미로 받아들이면 좋을 것 같다.—옮긴이

5 '나'에게 부여된 가장 크고 놀라운 힘은 생각하는 힘이다. 그러나 건설적으로 또는 올바르게 생각하는 방법을 아는 사람은 매우 드물다. 따라서 사람들은 그저 평범한 결과만 얻을 뿐이다. 대부분의 사람들은 생각이 이기적인 목적에 머물게 내버려두는데, 이는 유아기적인 마음에서 비롯되는 필연적인 결과이다. 마음이 성숙해질 때 비로소 모든 이기적인 생각에는 패배의 씨앗이 담겨 있음을 이해하게 된다.

6 마음이 잘 훈련된 사람은, 모든 거래는 그것과 어떤 식으로든 연관된 사람 모두에게 반드시 이로워야 한다는 점을 알고, 다른 사람의 약점이나 무지나 필요를 이용하여 이득을 얻으려는 시도는 어떤 것이든 자신에게 해를 끼친다는 점도 안다.

7 이것은 개인이 우주의 부분이기 때문이다. 한 부분이 다른 부분을 적대해서는 안 된다. 오히려 전체의 이익을 얼마나 인식하느냐에 각 부분의 행복이 달려 있다.

8 이러한 원리를 이해하는 사람은 인생사를 헤쳐나가는 데 매우 유리하다. 그들은 자신을 지치게 하지 않는다. 번잡스런 생각도 쉽게 없앨 수 있다. 어떠한 주제든지 거기에 최고로 집중할 수 있다. 그런 사람은 자신에게 도움이 될 가망이 없는 것에 돈이나 시간을 낭비하지 않는다.

9 당신이 이렇게 하지 못한다면 그 이유는 지금까지 당신이 해야 할 노력을 하지 않았기 때문이다. 이제는 노력할 시간이다. 결과는 정확히 노력한 만큼 따라올 것이다. 의지를 강하게 하고 성취에 필요한 힘을 일깨우기 위해 할 수 있는 가장 강력한 자기 암시문은 "나는 내가 뜻하는 사람이 될 수 있다"이다.

10 이 문구를 반복해서 말할 때마다 '내'가 누구이고 무엇인지 깨닫도록 하라. '나'의 참 본질을 철저하게 이해하려고 노력하라. 그렇게 하면 당신은 무적이 될 것이다. 당신의 목적과 의도가 건설적이고, 따라서 우주의 창조 원리와 조화를 이룬다면 그렇다는 말이다.

11 이 암시문을 활용하라. 밤낮으로 계속해서 사용하고, 생각날 때마다 자주 반복하라. 그것이 당신의 일부가 될 때까지 계속하라. 습관으로 만들어라.

12 이렇게 하지 않겠다면 애초에 시작도 하지 않는 편이 낫다. 현대 심리학에 의하면, 뭔가를 시작했다가 마무리짓지 못하거나 결심을 했다가 지키지 못할 때 우리는 실패하는 습관을 들이는 셈이다. 절대적이고 수치스러운 실패 말이다. 어떤 일을 할 생각이 없다면 시작하지 마라. 시작한다면 하늘이 무너져도 끝내라. 뭔가를 하겠다고 마음먹으면 해내라. 그 무엇도

그 누구도 방해하지 못하게 하라. 내부의 '나'는 결심했고 준비는 되었다. 주사위가 던져졌으니 더 이상 따질 필요가 없다.

13 이러한 방식대로 실행하되 제어할 수 있는 작은 것부터 시작해 점차 노력을 늘려나가면서 어떠한 상황에서도 굴하지 않는다면, 당신은 결국 자신을 다스릴 수 있음을 알게 될 것이다. 수많은 사람들이 자신을 다스리는 일보다 한 나라를 다스리는 일이 쉽다는 사실을 알고 슬퍼했다.

14 그러나 자신을 다스리는 법을 터득한다면, 당신은 외부 세계를 제어하는 '내부 세계'를 발견한 셈이다. 누구도 당신을 막지 못할 테고, 당신이 별다르게 노력하지 않는 듯 보이는데도 사람과 물질이 당신의 뜻에 반응할 것이다.

15 '내부 세계'가 '나'에 의해 제어되고 이 '내'가 우주의 에너지 혹은 영혼, 대개 신이라 불리는 존재인 '무한한 나'의 일부라는 점을 기억한다면, 이와 같은 일이 그렇게 불가능하거나 이상하게 보이지는 않으리라.

16 이것은 어떤 사상을 만들거나 증명하려는 의도로 만들어진 이론이나 명제가 아니다. 이것은 최고의 종교인과 최고의 과학자들이 받아들인 하나의 사실이다.

17 허버트 스펜서[2]는 말했다. "우리를 둘러싼 모든 수수께끼들 가운데, 모든 것이 비롯되는 그 무한하고 영원한 에너지가 우리와 늘 함께 한다는 사실만큼 확실한 것은 없다."

18 뱅고어 신학대학 동창들 앞에서 라이먼 애벗[3]은 이렇게 연설을 했다. "우리는 신이 외부에서 인간 '에게' 작용하는 것이 아니라 인간 '내면'에 거하신다고 생각하게 되었습니다."

19 과학은 조금 탐구하고 나서는 멈춘다. 과학은 상존하는 영원한 에너지를 찾지만, 종교는 그 에너지 뒤에 존재하는 힘을 찾고 그것이 인간 안에 있다고 말한다. 그러나 이것은 결코 새로운 발견이 아니다. 성서에도 이와 똑같은 말씀이 있는바 그 표현도 매우 단순하고 설득력이 있다. "너희가 하나님의 성전인 것과 하나님의 성령이 너희 안에 거하시는 것을 알지 못하느뇨?" 이것이야말로 '내부 세계'가 지닌 놀라운 창조력의 비밀이다.

20 이것이 힘과 완성mastery의 비밀이다. 물질을 극복한다는

---

[2] Herbert Spencer[1820~1903]. 영국의 사회학자, 철학자. 일찍이 진화론을 주장하였고 사회보다 개인이, 종교보다 과학이 우월함을 역설하였다. —옮긴이

[3] Lyman Abbott[1835~1922]. 미국 회중교회 목사로 사회 복음 운동의 대표적 인물이다. 진화론이 종교에 미친 영향을 비난하기보다는 해석하고자 노력했다. —옮긴이

말은 물질 없이 지낸다는 뜻이 아니다. 자기 부정은 성공이 아니다. 우리는 받지 않고서는 줄 수 없다. 강하지 않으면 도움이 될 수 없다. 무한한 존재는 파산자가 아니며, 이 무한한 힘의 대리인인 우리 역시 파산자가 아니다. 다른 이에게 도움이 되려면 더욱 큰 힘이 있어야 하는데, 힘을 얻으려면 반드시 주어야 한다. 반드시 봉사해야 하는 것이다.

21 많이 줄수록 많이 받는다. 우리는 우주가 활동할 하나의 통로가 되어야 한다. 우주는 끊임없이 자신을 표현할 길, 누군가에게 봉사할 길을 찾고 있으며, 가장 왕성하게 활동할 수 있는 통로를 찾고 있다. 그 통로를 통해 인류에게 가장 큰 도움을 주고 가장 큰 이득을 주려고.

22 당신이 자신의 계획, 자신의 목적에 정신이 팔려 있는 한, 우주는 당신을 통해 표현할 수 없다. 감각을 고요히 하고, 영감을 구하고, 내부에 정신 활동을 집중하며, 자신이 전능한 존재와 하나임을 계속 의식하라. "고요한 물은 깊은 법이나." 어디 긴 힘이 존재하지 않는 곳은 없으니 영적으로 접근할 수 있는 다양한 기회들을 잘 생각해 보라.

23 이러한 영적인 연결 고리들을 이용하여 바깥으로 모습을 드러내게 할 만한 사건이나 상황이나 조건을 그려보라. 만물의

본질과 혼은 영적인 것임을 깨닫고 영적인 것이 실체임을 알아라. 영혼은 만물의 생명이다. 영혼이 사라지면 생명은 없다. 그것은 죽은 것이다. 더 이상 존재하지 않는다.

24 정신 활동은 내부 세계, 원인의 세계와 연관된다. 조건과 환경은 그 결과이다. 그러므로 당신은 창조자가 된다. 이는 중요한 일이다. 당신이 더 높고 고상하고 위대하고 고귀한 이상을 품을수록, 정신 활동은 더 중요해질 것이다.

25 과도한 일, 과도한 놀이, 과도한 신체적 활동은 모두 무감각하고 정체된 마음 상태를 유발하고, 그로 인해 의식적인 힘을 외부 세상에 드러내는 더 중요한 일을 하지 못하게 한다. 그러므로 우리는 자주 고요해져야 한다. 힘은 평온함에서 나온다. 고요함 속에 있을 때 우리는 평온해지고, 고요함 속에 있을 때 우리는 생각할 수 있다. 생각은 모든 성취의 비결이다.

26 생각은 하나의 행동 방식이다. 생각은 빛이나 전기처럼 '진동의 법칙'에 따라 이루어진다. 감정은 사랑의 법칙을 통해 생각에 생명력을 부여하고, 성장의 법칙을 통해 생각에 모양과 형상을 부여한다. 생각은 영적인 '나', 곧 신성하고 영적이며 창조적인 본질이 빚어낸 산물이다.

^{27} 따라서 분명한 것은, 힘이나 풍요 또는 다른 건설적인 목적을 이루기 위해서는 감정을 일으켜 생각에 느낌을 담고, 그리하여 생각이 현실이 되도록 해야 한다는 점이다. 이렇게 하려면 어떻게 해야 할까? 이것이 핵심적인 부분이다. 어떻게 하면 믿음과 용기와 느낌을 계발하여 결과를 낼 것인가?

^{28} 그 답은 "훈련을 통해서"이다. 마음의 힘(정신력)은 신체의 힘을 기를 때와 똑같은 방법(훈련)으로 기를 수 있다. 처음 뭔가를 생각할 때는 힘들지 모른다. 똑같은 것을 다시 생각할 때는 조금 쉬워진다. 같은 것을 생각하고 또 생각하다 보면 그 생각이 하나의 습관이 된다. 계속 똑같은 생각을 하면 마침내는 자기도 모르게 그 생각을 하게 된다. 이제는 그 생각을 하지 않을 수가 없고, 그 생각에 자신을 갖게 되며, 아무 의심도 하지 않게 된다. 확신하고, 알게 된다.

^{29} 지난번에는 몸의 긴장을 풀고 이완하라고 했다. 이번에는 마음의 긴장을 풀라고 말하겠다. 지난번에 이야기한 훈련을 지침에 따라 매일 15분 내지 20분 정도 수행했다면 분명히 신체적으로 긴장을 풀 수 있었을 것이다. 의식적으로 이를 빠르고 완전하게 해내지 못했다면 그 사람은 자신의 주인이라고 말할 수 없다. 그는 아직 자유를 얻지 못한 사람이며, 여전히 상황의 노예인 셈이다. 그러나 나는 당신이 이 훈련을 완전히 습득해

서 다음 단계, 곧 마음의 자유를 향해 나아갈 준비가 되었다고 가정하겠다.

30 이번에는 평소처럼 자리를 잡은 뒤 완전히 이완하여 긴장을 모두 풀어주고 마음속에서 나쁜 생각, 이를테면 미움, 화, 걱정, 질투, 시기, 슬픔, 골칫거리, 실망 등을 모두 놓아버리도록 하라.

31 당신은 이런 것을 '놓아버리지' 못하겠다고 말할지도 모른다. 하지만 할 수 있다. 마음속으로 그렇게 하겠다고 결심함으로써, 자발적인 결의와 끈기로써 그렇게 할 수 있다.

32 일부 사람들이 이렇게 하지 못하는 이유는 자신들을 이성이 아니라 감정에 끌려 다니도록 방치하기 때문이다. 그러나 이성에 따라가는 사람은 승리할 것이다. 단번에 성공하지는 않겠지만, 훈련을 하면 완벽하게 해낼 수 있다. 이는 다른 모든 일에서도 마찬가지다. 당신은 이 부정적이고 파괴적인 생각들을 모두 없애고 지우고 완전히 사라지게 하는 데 분명히 성공할 것이다. 이런 생각들은 상상할 수 있는 온갖 조화롭지 못한 상황을 끝없이 싹트게 하는 씨앗이기 때문이다.

질문과
대답

생각은 무엇인가?
생각이란 영적인 에너지이다.

생각은 어떻게 실행되는가?
진동의 법칙에 의해.

어떻게 하면 생각에 생명력을 주는가?
사랑의 법칙으로.

생각이 형상을 갖게 하는 것은 무엇인가?
성장의 법칙.

생각이 갖는 창조력의 비밀은 무엇인가?
생각이 영적인 활동이라는 점.

일을 이뤄내는 믿음과 용기와 열의를 계발하는 방법은 무엇인가?
자신의 영적인 본질을 깨달음으로써.

힘의 비밀은 무엇인가?

봉사(베풀기 혹은 주기).

그 이유는 무엇인가?

우리는 준 것을 받기 때문이다.

고요함은 무엇인가?

신체적인 평안함.

그 가치는 무엇인가?

그것은 자기를 다스리고 정복하는 첫걸음이다.

참되게 생각하라. 그리하면 그대 생각이 세상의 기근을 없애리라.
참되게 말하라. 그리하면 그대 말이 풍성한 열매를 맺는 씨앗이 되리라.
참되게 살라. 그리하면 그대 인생이 위대하고 고귀한 신념이 되리라.

| 허레이쇼 보너 Horatio Bonar |

다섯 번째 7일

창조적인 마음

1 정신 작용의 90퍼센트는 잠재 의식의 활동이며, 따라서 잠재 의식의 힘을 활용하지 못하는 사람은 아주 제한된 삶을 살 수밖에 없다.

2 우리가 잠재 의식을 지휘하는 법을 안다면, 잠재 의식을 통해 어떠한 문제도 해결할 수 있고 또 해결하게 될 것이다. 잠재 의식은 늘 활동한다. 다만 문제는 우리가 잠재 의식의 활동을 수동적으로 받기만 할 것인가, 의식적으로 주도할 것인가이다. 도달할 목적지와 피해야 할 위험이 어떤 것들인지 그에 대한 안목을 가질 것인가, 아니면 그저 표류하기만 할 것인가?

3 잠재 의식은 육체의 모든 부분에 스며들어 있으며, 언제라도 외부의 마음 또는 주도적인 마음에서 나온 권위에 순종하거나 그 인상을 받아들일 수 있다는 것을 우리는 이미 알았다.

4 육체에 스며 있는 마음은 대개 유전의 결과이고, 유전은 지나간 모든 세대의 모든 환경이, 끊임없이 움직이면서 반응하는 생명 에너지에 작용한 결과이다. 이러한 사실을 이해한다면 우리는 바람직하지 않은 특성이 나타날 때 우리의 권위를 이용할 수가 있게 된다.

5 우리는 자신에게 부여된 바람직한 특성은 모두 의식적으로

활용할 수 있고, 바람직하지 않은 특성은 나타나지 않도록 억제하거나 거부할 수 있다.

6 또한, 육체에 스며 있는 마음은 유전적인 성향의 결과일 뿐 아니라, 우리에게 헤아릴 수 없이 많은 인상과 생각과 선입견, 그리고 유사한 생각 들을 준 가정과 직업과 사회적인 환경의 결과이기도 하다. 이 중 많은 부분이 다른 이들에게서 얻은 의견과 제안과 이야기 들의 결과이다. 또한 이 중 많은 부분이 자신이 생각한 결과이기도 하다. 그러나 거의 대부분이 깊이 생각하거나 조사하지 않은 채 받아들여졌다.

7 생각이 그럴듯하게 보이면 의식에서 이것을 받아들여 잠재의식에 전달하고, 다시 교감 신경계가 이를 받아 전달하여 몸을 구성하는 세포로 바꾼다. "말씀이 육신이 되었노라"가 바로 이 말이다.[1]

8 이것이 우리가 부단히 자신을 창조하고 재창조하는 방식이다. 오늘의 우리는 과거에 한 생각의 결과이고, 앞으로는 지금 생각하는 존재가 될 것이다. 끌어당김의 법칙은 우리가 좋아하는 것이나, 우리가 바라는 것이나, 다른 사람이 가진 것이 아니

---

[1] 저자는 곳곳에서 성경을 인용하는데, 대부분이 기존에 인식되어 오던 관점과는 다르게 해석되어 나타난다. 이 점을 감안하고 읽을 필요가 있다. —옮긴이

라 '우리의 것', 다시 말해서 의식적이든 무의식적이든 생각을 통해 우리 스스로 창조한 것을 가져다준다. 안타깝게도 많은 사람들은 무의식적으로 창조하고 있다.

9 우리가 집을 짓는다면 얼마나 세심하게 계획을 세우겠는가. 세부 사항들을 꼼꼼히 연구하고 재료를 조사하며 최상의 것만을 고르지 않겠는가. 그러나 무한히 중요한 마음의 집을 지을 때 우리는 물질적인 집을 지을 때에 비해 얼마나 부주의한가. 살아가면서 겪는 모든 것이 마음의 집이라는 건축물을 만들 때 쓰인 재료의 특성에 좌우되는데 말이다.

10 이 재료의 특성이란 무엇인가? 살펴보았다시피 이것은 과거에 우리가 잠재 의식에 쌓아서 저장해 둔 인상들의 실과이다. 그것들이 두려움과 걱정과 근심과 불안이었다면, 실망하고 부정하고 의심하는 생각이었다면, 오늘날 우리가 짜나가는 직물의 재료도 그와 똑같이 부정적인 재료일 것이다. 그것은 쓸모는커녕 곰팡이가 피고 썩어서 우리에게 더 많은 수고와 근심과 걱정만을 안겨줄 터이다. 우리는 이를 감추려고, 적어도 괜찮게 보이려고 늘 바쁠 것이고.

11 하지만 우리가 용감한 생각만 저장했다면, 우리가 낙관적이고 긍정적이었으며, 부정적인 것은 모두 곧바로 쓰레기 더미

에 던져버렸다면, 또 그와 관련된 것은 모두 거부했다면, 그것과 어울리거나 어떤 식으로든 하나가 되기를 거부했다면, 결과는 어떠했겠는가? 우리 마음의 재료는 지금 최상의 것이 되었을 테고, 원하는 것은 무엇이든 짜낼 수 있으며, 어떤 색깔이든 이용할 수 있을 것이다. 우리는 직물이 튼튼하고 재료가 견고하며 색이 바래는 일도 없을 것임을 알았을 테고, 미래에 대한 걱정과 두려움도 사라졌을 것이다. 숨길 것도, 가릴 것도 없었을 것이다.

12 이것은 심리학적인 사실이다. 이 사고 과정에는 어떤 이론이나 추측도 없다. 비밀스러운 것도 없다. 사실 이것은 아주 단순해서 누구나 이해할 수 있다. 그 다음에는 날마다 청소를 해서 이 마음의 집을 깨끗이 유지하면 된다. 마음과 도덕과 신체의 정결함은 어느 분야에서든 발전하기 위해선 필수적이다.

13 마음의 대청소를 끝내고 난 뒤에 남은 재료는 우리가 실현하려는 이상이나 심상을 만들어가는 데 적합한 재료가 된다.

14 여기 부동산이 하나 있다. 주인이 나타나기만을 기다리는 훌륭한 부동산이다. 넓은 대지에는 풍성한 작물과 충분한 물, 잘 자란 목재가 끝이 없을 만큼 늘어서 있다. 희귀한 그림, 잘 갖춰진 서재, 값비싼 벽걸이, 그밖에 온갖 편의 시설과 호화 설

비를 갖춘 밝고 널찍한 저택도 있다. 주인은 그저 자신이 주인이라고 주장하고 소유한 뒤 쓰기만 하면 된다. 주인은 반드시 그것을 사용해야 한다. 썩게 내버려두어서는 안 된다. 쓰는 조건으로 갖는 것이기 때문이다. 무시하면 잃어버리게 된다.

15 마음과 영혼의 영역, 실질적인 힘의 영역에는 그러한 땅이 당신을 위해 준비되어 있다. 당신이 상속인이다! 당신은 상속권을 주장하고, 그 풍요로운 유산을 소유해서 사용할 수 있다. 환경을 다스리는 힘은 거기서 열리는 열매 중 하나이고, 건강과 조화와 번영은 대차대조표에 자산으로 기입된 내용들이다. 그것은 당신에게 평온함과 평화를 선사한다. 당신은 그저 그 방대한 자원을 연구하고 수확하는 수고만 하면 된다. 어떤 희생도 필요치 않다. 단지 자신의 한계와 노예 근성과 연약함을 잃어버릴 뿐이다. 그것은 당신 몸에는 자기 존중의 옷을 입혀주고 손에는 제왕의 홀笏을 쥐어준다.

16 이 부동산을 소유하려면 세 가지 과정을 거쳐야 한다. 우선 진실로 그것을 원해야 한다. 다음으로 소유권을 주장해야 한다. 그리고 반드시 소유해야 한다.

17 당신도 이것이 힘든 조건이 아니라는 점을 인정하리라.

18 당신은 유전에 대해서 많이 들어봤을 것이다. 다윈^{Darwin}, 헉슬리^{Huxley}, 헤켈^{Haeckel}, 그리고 다른 과학자들은 유전이 점진적인 창조를 수반하는 법칙이라는 증거를 산더미처럼 많이 갖고 있다. 인간에게 직립 보행과 움직일 힘과 소화할 장기와 혈액 순환과 신경의 힘과 근육의 힘, 뼈의 구조 및 다른 신체적인 기능을 제공하는 것은 바로 점진적인 유전이다. 마음의 힘과 연관된 유전에 관해서는 더 놀라운 사실들도 있다. 이 모두가 인간 유전이라는 것의 일부이다.

19 그러나 과학자들이 이해하지 못한 유전이 있다. 그것은 아래에 감추어진 채로 그들이 온갖 연구 조사를 벌이기 전부터 있어 왔다. 과학자들이 절망하여 두 손을 들고 자신들이 보는 것을 설명하지 못하겠다고 말하는 바로 그 순간 이 성스러운 유전은 온전히 발견된다.[2]

20 그것은 창조를 명하는 자애로운 힘이다. 그것은 신으로부터 진동하면서 직접 모든 창조물로 내려온다. 그것은 생명을 만들어내는데, 이는 과학자들이 하지도 못했고 할 수도 없는 일이다. 그것은 모든 힘들 사이에서도 닿을 수 없는 지고의 힘으로 부각된다. 인간의 어떤 유전도 그것에 미칠 수는 없다. 인

---

[2] 여기서의 유전^{heredity}은 유산에 가깝다.—옮긴이

류의 어떤 유전도 그것과 비교할 수는 없다.

21 이 무한한 생명은 당신을 통해 흐른다.—곧 당신 자신이다. 우리 의식을 구성하는 기능들이 바로 그리로 들어가는 문이다. 그리고 이 문을 열어두는 것이 힘의 비결이다. 노력해 볼 가치가 있지 않은가?

22 중요한 것은 모든 생명과 힘이 내부에서 나온다는 사실이다. 사람과 환경과 사건 들은 필요와 기회를 암시하기도 하지만, 이러한 필요에 응할 통찰력과 힘과 능력은 내부에서 발견될 것이다.

23 가짜를 피하라. 무한한 근원에서 직접 흘러나오는 힘 위에 의식의 굳은 토대를 만들어라. 무한한 근원은 그 형상을 따라 우리를 창조한 우주의 마음이다.

24 이러한 유산을 갖게 된 사람은 예전과 결코 같을 수 없다. 그런 사람들은 지금까지 꿈꾸지 못한 힘을 갖게 된다. 그들은 결코 다시는 소심해지거나 약해지거나 흔들리거나 두려워하지 않는다. 전능한 힘에 확고하게 연결되어 있다. 내부에서 무엇인가가 일깨워졌다. 갑자기 지금까지 전혀 의식하지 못했던 거대한 잠재력이 자신에게 있음을 발견한 것이다.

25 이 힘은 내부에서 나오지만, 먼저 주지 않으면 받을 수 없다. 우리는 사용하겠다는 조건하에 이 유산을 소유하는 것이다. 우리들 각자는 전능한 힘이 다른 모습을 띠고 나타나기 위한 통로에 불과하다. 주지 않으면 통로가 막혀버리고, 따라서 더 이상 받을 수 없게 된다. 이는 분야와 지위와 존재의 수준을 막론하고 항상 진실이다. 더 많이 줄수록 더 많이 받는다. 강해지기를 바라는 운동 선수라면 자신이 갖고 있는 힘을 사용하지 않으면 안 된다. 더 많이 사용할수록 더 많이 받는 법이다. 자산가가 돈을 벌고 싶다면 반드시 자신의 돈을 사용해야 한다. 사용해야만 더 많이 받을 수 있기 때문이다.

26 상인이 물건을 계속 팔아내지 못한다면 머잖아 들여올 물건도 없어지고 만다. 효과적으로 서비스를 제공하지 못하는 기업은 곧 고객을 잃어버린다. 결과를 내지 못하는 변호사는 곧 의뢰인을 잃어버린다. 다른 분야도 마찬가지다. 힘은 우리가 이미 갖고 있는 힘을 적절하게 사용해야만 생긴다. 이것이 삶의 모든 분야, 모든 측면에서 진실이라면, 인간에게 알려진 모든 힘의 근원(영적이 힘)의 경우에도 마찬가지로 진실이다. 영혼을 빼내면 무엇이 남는가? 아무것도 남지 않는다.

27 이렇듯 영혼이 전부라면, 이 사실을 반드시 인식해야만 신체적이든 심적이든 영적이든 모든 힘을 사용할 능력을 얻게 될

것이다.

28 모든 소유는 부의 의식[3] 혹은 모으려는 마음가짐에서 비롯된다. 이것은 당신에게 아이디어를 제공해 줄 마법의 지팡이이며, 당신이 실행해야 할 계획을 세워줄 것이다. 당신은 성취와 성공에 따른 만족만이 아니라 실행 과정에서의 기쁨도 느낄 것이다.

29 이제 방으로 가서 같은 의자에 앉은 뒤 전과 똑같은 자세를 취하라. 그리고 마음속으로 기분이 좋아지는 장소를 떠올려라. 그곳을 마음속으로 완벽하게 그려라. 건물과 땅과 나무와 친구와 지인, 기타 모든 것을 완벽하게 그려보라. 처음에는 정작 집중하려는 대상은 떠오르지 않고 온갖 잡생각만 떠오를 것이다. 그러나 실망하지 마라. 끈기로 이기지 못할 것은 없다. 그러나 끈기란 하루도 빠짐없이 이런 연습을 한다는 뜻이다.

---

[3] 부의 의식money consciousness이란 부유함이 무엇인지 아는 것을 의미한다.—옮긴이

질문과 대답

우리 마음의 몇 퍼센트가 잠재의식인가?
적어도 90퍼센트.

보편적으로 이 거대한 마음의 창고가 활용되고 있는가?
아니다.

왜 그런가?
이것이 의식적으로 지휘할 수 있는 활동임을 이해하거나 아는 사람이 거의 없기 때문이다.

의식이 그 주된 성향을 받은 것은 어디에서인가?
유전에서. 이것은 지나간 모든 세대의 모든 환경이 만들어낸 결과를 의미한다.

끌어당김의 법칙은 우리에게 무엇을 가져다주는가?
'우리의 것.'

'우리의 것'이 무엇인가?

타고난 우리 자신, 또 우리가 과거에 의식적·무의식적으로 한 생각의 결과.

우리가 마음의 집을 짓는 재료는 무엇으로 구성되는가?
우리가 품는 생각.

힘의 비결은 무엇인가?
전능한 힘이 어디에든 존재함을 깨닫는 일.

힘은 어디에서 나오는가?
모든 생명과 힘은 내부에서 나온다.

힘을 소유하려면 어떻게 해야 하나?
이미 우리에게 있는 힘을 적절히 활용해야 한다.

※

관계와 관련은 어딘가 언젠가 존재하는 것이 아니라
어디든지 언제나 존재한다.

| 에머슨 |

여섯 번째 7일

사람의 뇌

1 우주의 마음은 참으로 놀라운 것이어서 그 유용한 힘과 가능성, 그리고 무한한 생산력을 이해하기란 쉽지 않다.

2 우주의 마음이 절대적인 지혜이자 절대적인 원료이기도 하다는 것을 알았다. 그렇다면 우주의 마음은 어떻게 다른 형상으로 분화하는 것일까? 어떻게 하면 우리가 바라는 결과를 얻을 수 있을까?

3 전기 전문가에게 전기의 효과가 무엇인지 물어보면 그는 이렇게 대답할 것이다. "전기란 일종의 움직임인데, 그 효과는 적용하는 메커니즘에 따라 달라집니다." 전기라는 중요한 에너지를 활용하는 메커니즘이 무엇인가에 따라서 우리는 열, 빛, 전력, 음악, 혹은 다른 놀라운 것들을 얻는다.

4 생각으로는 어떤 효과를 얻을 수 있을까? 그 답은 생각이 움직이는 마음(마치 바람이 움직이는 공기이듯이)이며, 따라서 그 효과는 '생각이 활용되는 메커니즘'에 따라 완전히 달라진다는 것이다.

5 그러므로 이것이 모든 마음의 힘이 갖고 있는 비밀이다. 그 힘은 활용하는 메커니즘에 따라 완전히 달라진다.

6 이 메커니즘이란 무엇인가? 당신도 에디슨, 벨, 마르코니, 그밖에 다른 전기의 귀재들이 발명한 메커니즘에 대해서는 어느 정도 알 것이다. 그 덕택에 우리는 장소와 공간과 시간을 뛰어넘게 되었으며, 장소니 공간이니 시간이니 하는 말들은 그저 비유적으로만 사용하게 되었다. 그러나 에디슨보다 위대한 발명가가, 무소부재한 우주의 힘, 곧 잠재된 힘을 변형시킬 메커니즘을 발명하여 당신에게 주었다고 생각해 본 적이 있는가?

7 우리는 땅을 경작하는 도구의 메커니즘을 파악하고, 몰고 다니는 자동차의 메커니즘을 이해하려고 노력하지만, 대부분 지금까지 존재한 가장 훌륭한 메커니즘, 곧 두뇌에 대해서는 철저히 무지한 채 만족하며 살아간다.

8 이 메커니즘의 경이에 대해 연구해 보자. 어쩌면 그것이 원인이 되어 일어나는 여러 가지 결과들을 더 잘 이해하게 될지 모른다.

9 첫째로, 우리가 살고 움직이고 존재하기 위한 거대한 마음의 세계가 있다. 이 세계는 전지전능하고 어디에나 항상 존재한다. 그것은 우리의 목적과 믿음의 크기에 정비례하여 우리 소망에 반응할 것이다. 목적은 반드시 우리 본질의 법칙에 따라가야 한다. 다시 말해서 창조적이거나 건설적이어야 한다.

믿음은 목적을 현실화하기에 충분한 힘의 흐름을 발생시킬 정도로 강력해야 한다. "네 믿음대로 너에게 주어지리라." 이 말은 과학적인 검증을 거친 것이다.

10 외부 세계에 나타난 결과는 각 사람과 우주가 주고받은 작용과 반작용의 결과이다. 우리는 이 과정을 '생각하기'라고 한다. 뇌는 이러한 과정이 수행되는 기관이다. 그 모든 경이를 생각해 보라! 음악과 꽃과 문학을 좋아하는가? 아니면 고대나 현대의 천재들의 사상에서 감동을 받는가? 기억하라. 당신이 반응하는 모든 아름다움은 뇌 안에 그에 해당하는 개념이 없으면 감상할 수 없음을.

11 자연이라는 창고에 두뇌가 표현할 수 없는 가치나 원리는 없다. 뇌는 미발달된 세계로, 필요에 따라 언제든지 계발될 수 있다. 이것이 과학적 진실이고 경이로운 자연 법칙임을 안다면, 이런 놀라운 결과가 나오는 메커니즘을 훨씬 쉽게, 온전히 이해할 수 있다.

12 신경 체계는 전지로 힘을 발생시키는 전기 회로에 비유되어 왔고, 백질[1]은 전류가 흐르는 절연선에 비유되어 왔다. 바로

---

[1] 중추 신경계에서 유수 신경 섬유로 이루어져 백색으로 보이는 부분.—옮긴이

이러한 통로를 거쳐서 자극이나 소망이 전달된다.

13 척수는 뇌와 메시지를 주고받는 거대한, '운동과 감각의 경로'이다. 그 다음에 정맥과 동맥을 뚫고 지나가면서 에너지와 힘을 공급하는 혈액이 있는데, 이는 완벽한 구조를 통해 몸 전체에 퍼져 나간다. 마지막으로 섬세하고 아름다운 피부가 있다. 피부는 전체 메커니즘을 감싸주는 아름다운 껍질이다.

14 바로 이것이 "아버지 신이 거하는 성전"이고, 각각의 '나'는 이를 제어할 수 있다. 이 메커니즘을 얼마나 이해하는가에 따라 결과가 달라진다.

15 모든 생각은 뇌세포를 활동하게 한다. 처음에는 생각을 전달받은 원소[2]가 제대로 반응하지 않지만, 생각이 정교해지고 집중된 상태가 되면 그 원소는 마침내 굴복하고 생각을 완벽하게 표현한다.

16 몸의 어떤 부위에도 이러한 마음의 영향력이 미칠 수 있고, 따라서 바람직하지 못한 결과를 사전에 제거할 수 있다.

---

[2] 원소라는 말은 영어의 substance를 번역한 말인데, 여기서는 뇌에 있는 어떤 '물질' 정도로 생각하면 되겠다. 그러나 이것은 '죽은' 물질이라기보다 '살아 움직이는, 지능이 있는 물질'이다.—옮긴이

17 마음의 세계를 지배하는 법칙들을 온전히 이해하고 받아들인다면, 수치로 따질 수 없는 엄청난 가치가 생길 수밖에 없다. 그렇게 되면 분별력이 계발되어 사실을 더 명확히 이해하게 되기 때문이다.

18 외부가 아니라 내부를 보는 사람은 결국 삶의 여정을 결정할 강력한 힘을 활용할 수 있다. 따라서 가장 강하고 가장 바람직하고 가장 좋은 모든 것과 만나게 된다.

19 주의력 또는 집중력은 아마도 마음을 경작하는 데 가장 핵심이 되는 부분일 것이다. 주의력이 적절하게 지휘될 때 그것이 일궈낼 가능성의 크기란 매우 놀라운 것이어서, 초심자에게는 도저히 믿기지 않을 정도이다. 성공한 사람들은 모두 주의력이 남다르다는 특징을 보인다. 그리고 이것이야말로 개인이 해낼 수 있는 가장 높은 성취이다.

20 돋보기로 햇볕을 집중시키는 것으로 비유를 든다면 주의력에 대해 더욱 쉽게 이해할 수 있을 것이다. 돋보기가 이리저리 움직이고 햇볕이 이곳저곳으로 분산된다면 거기에서는 별다른 힘이 발생하지 않는다. 그러나 돋보기를 완벽하게 고정하고서 일정 시간 동안 한 곳에 햇볕을 집중시킨다면 그 효과가 당장 드러날 것이다.

21 생각의 힘도 마찬가지다. 이것저것에 생각을 분산시켜서 힘을 흩뜨리면 어떤 결과도 나오지 않는다. 그러나 주목이나 집중을 통해서 이 힘을 하나의 대상에 일정 시간 동안 모아주면 어떤 일도 다 할 수가 있다.

22 아주 복잡한 문제를 너무 쉽게 해결하는 게 아니냐고 말하는 사람도 있을 것이다. 좋다. 해봐라. 분명한 목적이나 대상에 생각을 집중해 본 적이 없는 사람이여. 대상을 선택해서 분명한 목적을 갖고 단 10분이라도 의식을 집중해 보라. 쉽지 않을 것이다. 마음이 수십 번 방황할 테고, 그때마다 다시금 의도했던 목적으로 마음을 되돌려놓아야 할 터이며, 그럴 때마다 효과는 사라지고 말리니, 10분이 지나고 나도 아무것도 얻지 못할 것이다. 생각을 목적에 확고하게 고정하지 못했기 때문에.

23 그러나 당신이 나아가는 길에 나타날 온갖 장애물을 극복할 수 있도록 해주는 것은 결국 주의력뿐이다. 이 멋진 힘을 얻는 유일한 방법은 훈련이다. 훈련을 통해 완벽해지는 것은 어디서나 다른 데서나 마찬가지이다.

24 주의력을 기르기 위해, 지금까지처럼 같은 방에서 같은 의자에 같은 자세로 앉되 이번에는 사진을 한 장 준비하라. 적어도 10분 동안 사진을 잘 살펴본다. 눈의 표정, 얼굴과 복장, 머

리 모양을 주시하라. 사실, 사진에 담긴 세부 사항을 모두 주의 깊게 살펴야 한다. 이제 사진을 덮고 눈을 감은 뒤에 마음속으로 그려보라. 완벽하게 세부 사항이 보이고 사진을 마음속으로 잘 그려낼 수 있다면, 축하를 받아 마땅하다. 해내지 못한다면, 할 수 있을 때까지 반복하라.

25 이번 단계는 그저 토양을 준비하는 것에 불과하다. 다음번에는 씨앗을 뿌리는 준비를 할 것이다.

26 이러한 훈련을 통해서 마침내는 마음 상태와 태도와 의식을 제어할 수 있게 될 것이다.

27 훌륭한 자본가들은 대중에게서 점점 더 멀어지는 법을 배워서, 계획하고 생각할 시간, 마음 상태를 올바르게 갖출 시간을 더 많이 가지려 한다.

28 성공한 사업가들은 성공한 다른 사업가들과 계속 교류하면 도움이 된다는 사실을 입증해 보이고 있다.

29 단 하나의 착상이 수백만 달러의 가치를 낳을지도 모른다. 이러한 착상은 그것을 받아들일 줄 아는 사람에게만 올 수 있다. 성공적인 마음의 틀을 갖추고 그 착상을 받아들일 준비가

된 사람.

30 인류는 우주의 마음과 조화를 이루는 법을 배우고 있다. 모든 만물이 하나임을 터득하고 있다. 기본적인 사고의 원리와 방법을 배우고 있으며, 그로 인해 상황이 바뀌고 결과도 몇 배로 불어나고 있다.

31 인류는 환경과 상황이 마음과 영혼의 진보에 따라간다는 점을 깨달아가고 있다. 지식이 있어야 성장하고, 영감을 얻어야 행동이 뒤따르며, 인식해야 기회가 생긴다는 점을, 다시 말해서 언제나 영적인 것이 먼저이고, 그런 뒤에 무한한 성취의 가능성이 뒤따른다는 사실을 깨닫고 있다.

32 각 사람은 우주가 분화되어 나타나기 위한 통로에 불과하기에, 이러한 가능성은 절대 고갈될 수가 없다.

33 생각은 우리가 힘의 혼Spirit of Power을 흡수하고 그 결과를 내부 의식에 고정시켜서, 그것이 평소 의식의 일부가 되게 하는 과정이다. 이 책에 나오는 것과 같은 몇 가지 근본적인 원리를 꾸준히 수행하여 앞서 언급한 결과를 이루어내는 것이, 보편적인 진리의 창고를 여는 만능 열쇠이다.

34 오늘날 인류가 겪는 두 가지 커다란 고통은 신체의 질병과 마음의 걱정에서 온다. 이것이 자연 법칙을 침해한 결과임은 쉽게 추론할 수 있다. 이는 최근까지도 인류의 지식이 아주 불완전했기 때문이다. 그러나 긴 세월 쌓여온 어둠의 구름은 흩어지기 시작하고, 불완전한 정보로 인한 수많은 비극 또한 사라져가고 있다.

질문과
대답

전기로 발생되는 효과들에는 무엇이 있는가?

열, 빛, 전력, 음악 등.

이러한 다양한 효과는 무엇에 달려 있는가?

전기가 적용되는 메커니즘이 어떠하냐에 달려 있다.

개인이 우주에 작용하고 반작용하는 결과는 무엇인가?

우리에게 다가오는 경험과 조건.

이러한 조건을 바꾸는 방법은 무엇인가?

우주의 마음이 외부로 나타나는 메커니즘을 바꿈으로써.

그 메커니즘이란 무엇인가?

뇌.

이것을 어떻게 바꿀 수 있는가?

우리가 생각이라고 부르는 과정을 통해서 바꿀 수 있다. 생각은 뇌세포를 만들어내고, 이 세포들은 우주에 있는, 그에 상응하는 생각에 반응한다.

집중력의 가치는 어떤 것인가?
이것은 개개인이 이룰 수 있는 최고의 성취이며 성공한 사람들이 하나같이 보이는 두드러진 특징이다.

집중력을 키우는 법은 무엇인가?
여기에 나온 훈련법을 충실하게 연습하면 된다.

이것이 그토록 중요한 이유는 무엇인가?
집중력을 통해 우리 자신의 생각을 다스릴 수 있기 때문이다. 생각이 원인이기에 조건들은 그 결과일 수밖에 없다. 원인을 다스리면 결과 역시 다스릴 수 있다.

어떻게 외부 세계의 조건이 변화되고 결과도 몇 배로 증가되는가?
인류가 건설적인 사고의 기본 방법들을 터득해 감으로써.

―――

인간이 스스로 변화하고, 개선하고, 재창조하고, 환경을 바꾸고,
운명을 다스릴 수 있음은, 올바른 생각을 건설적으로 행할 때
생기는 힘을 온전히 깨우친 사람들이 한결같이 내린 결론이다.

| 라슨Larsen |

일곱 번째 7일

전능한 힘 활용하기

1 영상화visualization란 마음의 그림을 그리는 과정이고, 그림은 당신의 미래가 드러남에 있어 하나의 원형[1]으로 작용하게 될 틀 혹은 꼴이다.

2 원형을 명확하고 아름답게 만들어라. 두려워하지 말고 원대하게 만들어라. 당신에게 제약을 가하는 것은 바로 자신뿐임을 기억하라. 당신은 비용이나 물질의 제약을 받지 않는다. 공급은 무한한 존재에게 맡기고 상상 속에서 맘껏 원형을 만들어라. 먼저 상상 속에서 존재해야 다른 곳에서도 나타날 수 있다.

3 그림을 분명하고 말끔하게 그려서 마음속에 굳게 간직하라. 그러면 그것이 점점 당신에게 가까이 오게 될 것이다. 당신은 '자신이 바라는 존재'가 될 수 있다.

4 이것은 잘 알려진 또 하나의 심리학적 사실이지만, 안타깝게도 읽기만 해서는 바라는 어떤 결과도 이루어지지 않는다. 읽기만 해서는 마음의 그림을 그리는 데도 도움이 되지 않으니, 실현시키기는 더 말할 것도 없다. 노력이 필요하다. 힘겨운 마음의 노동, 극소수의 사람만이 하려고 하는 그러한 노력이.

---

[1] 여기서 말하는 원형은 pattern을 번역한 말인데, 말 그대로 바탕이 되는 모양을 말한다. 마음속으로 그림을 그리면, 이것이 '원형'이 되어 그에 따라 미래가 만들어진다는 의미이다.—옮긴이

5 첫 번째로 할 일은 이상화idealization이다. 이것은 건축물을 쌓기 위한 밑그림plan과 같으므로 가장 중요한 과정이다. 튼튼하고 영구적이어야 한다. 만약 건축가가 30층 짜리 건물을 지으려 한다면 먼저 도면에 선을 그어서 이를 표시할 것이다. 기술자가 다리를 놓을 때에는 먼저 다리를 구성할 수백만 개의 다른 부분들이 견뎌낼 힘의 강도부터 확인하는 법이다.

6 그들은 첫걸음을 내딛기 전에 마지막을 구상한다. 당신도 바라는 것을 마음속에서 그려야 한다. 당신은 씨앗을 심고 있지만 심기 전에 무엇을 추수할지 알아야 한다. 이것이 '이상화'이다. 확실치 않다면 분명해질 때까지 매일 같은 의자에 앉아서 그림을 떠올려라. 점차 떠오를 것이다. 처음에는 흐릿해 보이겠지만 차츰 밑그림이 형태를 취해서 나타나고, 다음에는 그 얼개가 드러나며, 그런 뒤 세부 사항들이 나타날 것이다. 그런 식으로 점점 힘을 키워감으로써 당신은 궁극적으로는 외부 세계에 물질화되어 나타나게 될 밑그림들을 그려나갈 수가 있는 것이다. 미래가 당신을 위해 무엇을 준비해 두었는지 알게 될 것이다.

7 그런 다음에 오는 과정이 영상화이다. 이때는 세부 사항을 그려 넣는 등 그림을 더욱더 완벽하게 해야 하는데, 세부 사항이 나타나기 시작하면서 그것을 현실화하는 데 필요한 수단과

방법도 나타날 것이다. 하나가 다른 하나로 이어질 것이다. 생각은 행동으로 이어지고, 행동은 방법을 만들어내고, 방법은 친구를 찾아내고, 친구는 환경을 만들어내며, 그리하여 마지막으로 물질화materialization가 뒤따르게 된다.

8 우리 모두는 우주가 먼저 생각으로 존재한 뒤에 물질로 나타났다는 점을 이해한다. 그리고 우리가 우주의 위대한 건축가를 따라가려 한다면, 우주가 분명한 형상을 취한 것과 똑같이 우리의 생각도 형상을 취해야 한다는 점을 알게 될 것이다. 우주의 마음과 개인의 마음은 동일하다. 그 바탕과 본질에는 아무런 차이가 없다. 다만 크기가 다를 뿐이다.

9 건축가는 자기가 지을 건물을 영상화하여, 자신이 바라는 대로 그 건물이 만들어지는 모습을 떠올린다. 그의 생각은 그 건물이 최종적으로 취하게 될 모습, 즉 높은 형태가 될지 낮은 형태가 될지, 화려한 외형이 될지 단순한 외형이 될지 결정하는 하나의 틀이 된다. 그의 영상vision이 종이 위에서 먼저 모습을 갖춘 뒤, 나중에 필요한 재료를 활용해 건물로 완성된다.

10 발명가도 똑같은 방식으로 아이디어를 영상화한다. 최고의 발명가 중 한 사람으로 꼽히는 니콜라 테슬라[2]는 아주 놀라운 것들을 만들어내곤 했는데, 탁월한 지성을 갖춘 이 사람은

뭔가를 만들어내기 전에 항상 자신이 발명하려는 것을 먼저 영상화하곤 했다. 성급하게 뭔가를 만들어낸 뒤 나중에 잘못을 바로잡느라 시간을 허비하지 않았다. 상상 속에서 먼저 아이디어를 구상한 뒤 마음의 그림으로 가지고 있다가 이를 생각으로 재구성하고 향상시켰다. 《전기 실험가 *Electrical Experimenter*》라는 책에서 그는 이렇게 썼다. "이렇게 하여, 나는 어떤 것도 건드리는 일 없이 신속하게 어떤 개념을 떠올리고 완성할 수 있었다. 가능한 모든 개선점을 보완한 뒤에 아무런 문제도 없으면, 머리에서 만든 그 작품을 실제로 만들어냈다. 내가 만들어낸 작품은 늘 생각한 그대로 작동했다. 지난 20년 동안 단 한 번도 예외가 없었다."

// 이러한 지침을 성실하게 따를 수만 있다면, 당신은 "바라는 것들의 실상이요, 보이지 않는 것들의 증거"인 믿음을 계발하게 될 것이다. 끈기와 용기로 이어지는 자신감도 계발하게 될 것이다. 당신이 이루려는 목적에 무관한 생각들을 배제할 수 있는 집중력 또한 계발하게 될 것이다.

---

[2] Nikola Tesla[1856~1943]. 세르비아 출신의 미국 발명가, 연구가. 대부분의 교류 기기의 기초가 되는, 회전하는 자기장을 발견했다. 1891년 테슬라 코일을 발명했는데 이는 라디오 기술에서 널리 쓰이는 유도 코일이다. 그의 장례식에서 노벨상 수상자 세 사람이 "현대의 수많은 기술적 발전의 길을 연 세계의 탁월한 지성 중 한 사람"이라는 찬사를 보냈다.

12 생각은 형태로 드러나는 법이다. 자신의 생각을 할 줄 아는 사람만이 대가의 위치에 올라 권위 있게 이야기할 수 있다.

13 명쾌함과 정확함은 마음속에서 그림을 반복해 그려야만 얻어진다. 반복할 때마다 그림은 전보다 더욱 명확하고 정확해지고, 그림이 얼마나 명확하고 정확한가에 따라 외부에 나타나는 것도 달라진다. 그림은 마음의 세계(내부 세계)에서 먼저 단단하게 자리 잡기 전에는 외부 세계로 드러나지 않을 것이다. 아울러 적절한 재료가 없을 때에는 마음의 세계에서도 가치 있는 어떤 것을 만들 수가 없다. 재료가 있으면 원하는 것은 뭐든지 만들 수 있다. 그러나 재료를 확인하라. 싸구려 옷감으로 드레스를 만들 수는 없는 법이다.

14 이 재료를 가지고 마음의 일꾼들이 당신이 마음속에 그려놓은 그림을 만들어간다.

15 생각해 보라! 당신에게는 500만도 더 되는 이 같은 마음의 일꾼들이 준비된 채로 기다리고 있다. 일꾼들은 바로 뇌세포들이다. 그 외에 최소한 같은 숫자의 예비 전력이 언제든 필요하기만 하면 즉각 출동할 태세로 기다리고 있다. 생각의 힘은 거의 무한하고, 따라서 당신이 원하는 환경을 만드는 데 필요한 재료를 창조하는 당신의 힘 또한 실질적으로 무한하다.

16 이 수백만의 일꾼 외에도, 어떠한 메시지나 제안이라도 이해할 정도의 지능을 부여받은 마음의 일꾼인 세포들이 당신 몸 안에 수십억 개나 있다. 세포는 몸을 창조하고 재창조하느라 항상 바쁘게 움직이지만, 그밖에도 완벽한 성장에 필요한 원료를 끌어당기는 정신적인 활동력도 갖고 있다.

17 세포들은 다른 생명체들이 성장에 필요한 재료를 끌어당기는 것과 똑같은 방식과 법칙으로 일한다. 떡갈나무, 장미, 백합, 이런 모든 것들은 자신을 가장 완벽하게 표현하기 위해서 특정한 재료를 필요로 하는데, 조용한 요구, 즉 끌어당김의 법칙으로 그 재료를 얻는다. 가장 완벽한 성장에 필요한 것을 얻는 가장 확실한 방법으로 말이다.

18 마음의 그림을 그려라. 그림을 분명하고 확실하고 완벽하게 하라. 굳게 간직하라. 방법과 길이 나타날 것이다. 공급이 수요를 따라갈 것이다. 당신은 제때에, 적절한 방식으로, 적절한 일을 하게 될 것이다. '진지한 소망'은 '확신이 담긴 기대'를 발생시키고, 이것은 다시 '굳게 요청함'으로써 강화되어야 한다. 이 셋은 반드시 성과를 낸다. '진지한 소망'은 감정이고, '확신이 담긴 기대'는 생각이고, '굳은 요청'은 의지이므로, 앞서 살펴보았듯이 감정이 생각에 생명력을 주고 의지가 생각을 흔들리지 않게 하여, 성장의 법칙에 따라 마침내 생각이 현

실화되기 때문이다.

19 인간의 내부에 그토록 위대한 힘이 있다는 사실이, 자신도 모르는 초월적인 기능이 있다는 사실이 놀랍지 않은가? 항상 힘과 능력을 '외부'에서만 찾으라고 배운 것이 이상하지 않은가? 우리는 '내부'를 제외한 모든 곳에서 찾으라고 배웠고, 이 힘이 나타날 때마다 초자연적이라는 이야기를 들었다.

20 이 놀라운 힘을 이해하고, 건강과 힘, 기타의 조건들을 실현시키려 열심히 또 성실하게 노력하지만 실패하는 사람이 많은 듯하다. 그들은 법칙을 적용시키는 방법을 알지 못하는 것 같다. 이때 대부분 문제는 사람들이 외부에 노력을 기울인다는 점이다. 그들은 돈과 힘과 건강과 풍요를 원하지만 이것들이 결과일 뿐, 원인을 찾을 때 비로소 이룰 수 있는 것임을 깨닫지 못한다.

21 외부 세계에 주의를 기울이지 않는 사람들은 "오직 진리를 확인하고 지혜를 찾으려 할 뿐이다. 그럼으로써 이 지혜가 모든 힘의 근원을 펼치고 밝혀주리라는 것, 외부 조건들을 바라는 대로 창조하겠다는 생각과 목적 속에 이 지혜가 드러나리라는 것을 깨닫게 된다. 이 진리는 고상한 목적과 용감한 행동을 통해서 표현된다."

22 외부 조건에 대해서는 생각하지 마라. 오직 이상만을 창조하라. 내부 세계를 아름답고 풍요롭게 만들면, 외부 세계는 내부에서 만든 조건을 표현하고 드러내도록 되어 있다. 당신은 이상을 창조하는 자신의 힘을 깨달을 것이고, 이상은 실질 세상에 투영되어 나타날 것이다.

23 예를 들어, 어떤 사람이 빚더미에 눌려 있다고 하자. 그 사람은 늘 빚 걱정을 하면서 온 신경을 거기에 집중할 것이다. 그러나 생각이 원인이 되므로, 결과적으로 그 사람은 빚더미에서 벗어나기는커녕 더 많은 빚을 지게 된다. 그 사람은 위대한 끌어당김의 법칙을 작동시켰고, 그리하여 일반적이고 필연적인 결과(손실이 더 큰 손실을 낸다는)를 얻은 셈이다.

24 그렇다면 올바른 방법은 무엇일까? 원하지 않는 것이 아니라 원하는 것에 집중하면 된다. 풍요를 생각하라. '풍요의 법칙'을 어떻게 작동시킬 것인지 그 계획과 방법을 이상화하라. 풍요의 법칙에 따라 나타날 상황을 영상화하라. 이렇게 하면 실현될 것이다.

25 법칙이 완벽하게 작용함으로써, 결핍과 두려움을 끝없이 생각하는 사람들에게 가난과 결핍과 기타 모든 제약을 가져다 준다면, 용기와 힘을 생각하는 사람들에게도 분명 풍요와 부를

가져다줄 것이다.

26 이것은 많은 사람들에게 어려운 문제이다. 우리는 지나치게 걱정을 한다. 걱정과 두려움과 고뇌가 현실이 되게 하는 것이다. 우리는 뭔가 하고 싶어한다. 돕고 싶어한다. 우리는 이제 막 씨앗을 심어놓고서 잘 자라는지 보려고 15분에 한 번씩 땅을 파보는 어린아이와 같다. 물론 그런 상황에서는 씨앗이 결코 싹트지 않을 것이다. 하지만 바로 이것이 많은 사람들이 마음의 세계에서 하는 행동이다.

27 우리는 씨앗을 심어놓고 방해해서는 안 된다. 그렇다고 가만히 앉아서 아무 일도 하지 말아야 한다는 뜻은 절대 아니다. 우리는 지금까지보다 더 훌륭한 일을 더 많이 하게 될 것이다. 새로운 통로가 끝없이 제공되고, 새로운 문이 열릴 것이다. 우리는 그저 마음을 열어두기만 하면 된다. 때가 왔을 때 행동할 준비를 한다는 말이다.

28 생각의 힘은 지식을 얻는 가장 강력한 방법이다. 어떤 주제에 생각의 힘을 집중하면 문제가 해결될 것이다. 어떤 것도 인간의 이해력을 초월하지는 않는다. 하지만 생각의 힘을 제어하여 원하는 대로 움직이게 하려면 노력이 필요하다.

29 행운의 바퀴가 굴러가도록 증기를 만들어내는 불은 다름 아닌 생각이라는 점을 기억하라. 행운의 바퀴가 어디로 굴러가는가에 따라 경험이 달라진다.

30 스스로 다음 몇 가지 질문을 던지고 경건하게 대답을 기다려라. "당신은 가끔 내부의 '자아self'를 느끼지 않는가? 당신은 자아를 따라가는가 아니면 대중을 따라가는가?" 대중은 항상 끌려갈 뿐 이끈 적이 없다. 증기 엔진과 동력 장치, 그밖에 다른 모든 진보와 발전에 대항한 것은 바로 대중이었다.

31 이번에 할 훈련은 친구를 영상화하는 것이다. 지난번에 본 모습 그대로 친구를 떠올려라. 방과 가구를 떠올리고 서로 나눈 대화를 떠올려라. 친구의 얼굴을 분명하게 떠올려라. 이제 서로의 관심사에 대해 이야기하라. 친구의 표정 변화를 살피고 웃는 얼굴을 지켜보라. 이렇게 할 수 있는가? 좋다. 할 수 있다면, 친구의 관심을 불러일으켜 보라. 친구에게 모험담을 들려주고, 친구의 눈이 흥분과 재미로 반짝거리는 것을 보라. 이것도 할 수 있는가? 그렇다면 당신의 상상력은 훌륭하다. 당신은 훌륭하게 나아가고 있다.

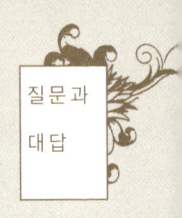

질문과
대답

영상화란 무엇인가?

마음속으로 그림을 그리는 과정이다.

이것으로 얻는 결과는 무엇인가?

마음속에 그림을 간직함으로써, 우리는 천천히 그러나 확실히 자신이 원하는 것을 끌어당길 수 있다. 뜻하는 존재가 될 수 있다.

이상화란 무엇인가?

결과적으로 외부 세계에 물질화되어 나타날 밑그림을 마음으로 그리는 과정이다.

명확함과 정확함이 필요한 이유는 무엇인가?

'그림'이 '느낌'을 일으키고, '느낌'이 '존재'를 만들어내기 때문이다. 먼저 마음(그림)이고, 다음에 감정(느낌)이며, 그런 뒤에 무한한 성취의 가능성이 온다.

이것을 어떻게 얻을 수 있는가?

반복해서 그릴 때마다 그림이 더욱 명확해진다.

마음의 그림을 만드는 데 필요한 재료를 어떻게 얻는가?
수백만 개의 마음의 일꾼, 바로 뇌세포를 통해서.

외부 세계에서 당신의 이상이 물질화되어 나타나도록 하는 데 필요한 조건을 어떻게 얻을 수 있나?
끌어당김의 법칙으로. 이것은 모든 조건과 경험이 비롯되는 자연의 법칙이다.

이 법칙이 작동되도록 하는 데 필요한 세 단계는 무엇인가?
진지한 소망, 확신이 담긴 기대, 굳은 요청.

많은 사람이 실패하는 이유는 무엇인가?
결핍과 질병과 재앙에 관심을 집중하기 때문이다. 법칙은 완벽하게 작용하고 있고, 따라서 두려워하는 것이 그들에게 온다.

대책은 무엇인가?
당신의 삶에서 나타나기를 바라는 이상에 관심을 집중하라.

※

유용한 결과가 분명히 예상되지 않는 것은 무엇이든
들어오지 못하도록 문을 닫고, 마음에서 당신의 세계에서 추방하라.
| **조지 매슈 애덤스**George Matthew Adams |

여덟 번째 7일

생각과 그 결과

1 생각에는 매우 중요한 원리가 담겨 있다. 생각은 우주를 창조한 원리이며, 그 본성상 다른 유사한 생각과 결합하기 때문이다.

2 삶의 목적 가운데 하나가 성장이므로 삶에 관여하는 모든 원리는 성장에 기여하지 않을 수 없다. 그러므로 생각은 형태를 취하고, 성장의 법칙은 이 생각을 현실로 만들어낸다.

3 당신은 무엇이든 자유롭게 생각할 수 있지만, 그 생각의 결과는 변하지 않는 법칙의 통제를 받는다. 일정 기간 동안 특정한 생각을 계속하면 그 생각은 성격, 건강, 환경이라는 형태로 결과를 내지 않을 수 없다. 따라서 바람직하지 않은 결과만 내는 습관을 건설적인 생각을 하는 습관으로 바꾸는 방법이 무엇보다 중요하다.

4 마음의 습관을 제어하기란 물론 쉽지 않다. 그렇다고 불가능한 것도 아니다. 그 방법은 딩징 파괴적인 생각을 건설직인 생각으로 바꾸어가는 것이다. 모든 생각을 분석하는 습관을 들여라. 필요한 생각이라면, 외형화된 생각이 당신뿐 아니라 그 영향을 받는 사람 모두에게 도움이 된다면 그 생각을 간직하라. 소중히 하라. 그것은 귀중한 생각이다. 무한한 존재와 조화를 이루는 생각이다. 그 생각은 자라고 계발되어 백 배로 열매

를 맺을 것이다. 반대의 경우라면, 다음과 같은 조지 매슈 애덤스의 말을 기억하는 것이 도움이 될 것이다. "결과에 분명하게 도움이 될 것 같지도 않은데 들어오려 하는 것이 있다면 무엇이든 문을 닫고, 당신의 마음에서, 사무실에서, 세상에서 멀리하는 법을 배워라."

5 당신의 생각이 비판적이거나 파괴적이었다면, 그리고 어떤 식으로든 주변 환경과 조화를 이루지 못했다면, 건설적인 생각에 도움이 될 마음가짐을 기를 필요가 있다.

6 여기에 큰 도움이 되는 것이 상상력이다. 상상력을 키우면 이상이 자라나고, 이상에서 당신의 미래가 나타날 것이다.

7 상상력은 마음이 짜나가는 옷, 곧 미래를 위한 재료를 모아 준다.

8 상상력은 생각과 경험의 새로운 세계로 이끄는 빛이다.

9 상상력은 모든 발견가, 발명가 들이 관례를 깨뜨리고 새로운 경험으로 가는 길을 여는 데 쓴 강력한 도구이다. 관례는 말한다. "불가능해." 경험은 말한다. "해냈어."

10 상상력은 지각 있는 것들을 새로운 형상과 이상으로 바꾸어주는 유동적인 힘이다.

11 상상력은 건설적인 행동에 앞서는 건설적인 생각이다.

12 건축업자는 먼저 건축가가 그린 도안을 받지 않으면 어떤 구조물도 지을 수 없고, 건축가는 이것을 자신의 상상에서 얻어야 한다.

13 산업계의 거물이라고 해도 먼저 상상으로 모든 것을 창조하기 전에는 수백 개의 회사와 수천 명의 직원이 조화롭게 돌아가는 거대한 기업을 만들 수도 없고 수백만 달러의 돈을 활용할 수도 없다. 물질 세계의 대상들은 마치 도공의 손에 담긴 흙과 같다. 진품이 만들어지는 것은 대가의 마음속이고, 이렇게 하려면 상상력을 이용해야 한다. 상상력을 키우려면 훈련을 해야 한다. 훈련은 신체의 근육뿐 아니라 마음의 근육을 키우는 데도 필요하다. 영양분을 주지 않으면 사라날 수 없다.

14 상상을 공상이나 백일몽과 혼동하지 마라. 어떤 사람들은 공상이나 백일몽에 빠져 지내기를 좋아한다. 공상이나 백일몽은 마음을 낭비시켜 파멸로 이끈다.

15 건설적인 상상은 마음의 노동을 의미한다. 어떤 사람들은 이것을 가장 힘든 노동이라고 생각한다. 설령 그렇더라도 가장 큰 대가를 받는 노동이다. 삶의 멋진 것들은 모두 생각하고, 상상하고, 꿈을 실현할 능력이 있는 사람들에게 찾아왔으니까.

16 마음이 유일한 창조의 원리이고, 전능하며, 언제나 어디에나 존재한다는 사실을 완벽하게 의식할 때, 그리고 생각의 힘을 이용하여 의식적으로 이 전능한 힘과 조화를 이루게 될 때, 당신은 바른 방향으로 발걸음을 성큼 내딛은 셈이다.

17 다음으로는 그 힘을 받을 수 있는 곳으로 가야 한다. 그 힘은 어디에든 존재하므로 분명 당신의 내부에도 존재할 것이다. 우리는 모든 힘이 내부에서 나온다는 점을 알기에 이것이 사실임을 안다. 그러나 그것은 계발되고 드러나고 양육되어야 한다. 이렇게 하려면 반드시 수용적이어야 하는데, 수용성은 몸의 힘을 키울 때처럼 훈련을 통해 얻을 수 있다.

18 끌어당김의 법칙은 당신의 습관적·특징적·주도적인 마음가짐과 일치하는 조건, 환경, 경험을 분명하고 확실하게 당신에게 가져다줄 것이다. 교회에서 이따금씩 떠오르는 생각이나 막 읽은 좋은 책에 나오는 생각이 아니라 지배적인 마음가짐이 중요하다.

19 하루에 열 시간 동안 연약하고 해롭고 부정적인 생각에 빠져 지내다가 십 분 동안 강하고 긍정적이고 창조적인 생각을 하면서, 아름답고 강하고 조화로운 조건이 생겨나기를 기대해서는 안 된다.

20 참된 힘은 내부에서 나온다. 사람이 사용할 수 있는 모든 힘은 인간의 내부에 있다. 먼저 그것을 인식하고, 그런 뒤 자신의 것이라고 단언하고, 그것과 하나가 될 때까지 의식적으로 노력하기만 하면 가시적인 것으로 드러나게 된다.

21 사람들은 풍요로운 삶을 바란다고 말하고 또 실제로 그렇지만, 거의 대부분은 과학적으로 호흡하고 근육을 단련하고 정해진 방식에 따라 정해진 음식을 먹고 딱 맞는 온도의 물을 여러 잔 마시며 방 안의 온도를 잘 유지해 주면, 자기가 원하는 풍요로운 삶을 얻을 수 있다고 생각한다. 그렇게 해서는 그저 그런 결과만 나온다. 하지만 진리를 깨닫고 모든 생명과 자신이 연결되어 있다고 확언할 때, 눈이 맑아지고 빌길음에 탄력이 생기며 젊음의 활력이 솟음을 알게 된다. 모든 힘의 근원을 발견했음을 알게 되는 것이다.

22 모든 실수는 결국 무지에서 나온 실수이다. 지식과 지식에서 생긴 힘이 성장과 진화를 결정하는 요소이다. 지식을 인식

하고 이용할 때 힘이 생긴다. 이 힘은 영적인 힘이다. 이 영적인 힘은 만물의 중심에 존재한다. 그것은 우주의 혼이다.

23 지식은 인간에게 생각할 수 있는 능력이 있기에 생겨난 결과이다. 그러므로 생각은 의식적인 진화의 근원이다. 사람이 그 생각과 이상을 계속해서 발전시키지 않는다면 곧바로 힘이 사라지기 시작하며, 그 변화가 얼굴에 점차 나타날 것이다.

24 성공하는 사람은 자신이 실현하고자 하는 상황을 이상으로 간직한다. 그들은 자신의 이상에 필요한 다음 발걸음이 무엇인지 끊임없이 생각한다. 생각이라는 재료로 건물을 짓고 상상력이라는 마음의 작업장에서 일을 한다. 마음은 끊임없이 움직이면서 성공의 구조를 만드는 데 필요한 환경과 사람을 모으는 힘이고, 상상은 모든 위대한 것들이 만들어지는 틀이다.

25 자신의 이상에 충실했다면, 당신은 환경이 당신의 계획을 물질화할 준비가 되는 순간 부름을 듣게 될 것이고, 결과는 당신이 이상에 얼마나 충실했나에 정확하게 비례하여 나타날 것이다. 흔들리지 않는 이상은 그것이 성취되는 데 필요한 조건들을 미리 결정하고 끌어당긴다.

26 그러므로 당신은 혼과 힘으로 가득해질 수 있고, 매력적인

삶을 향유할 수 있으며, 모든 해악으로부터 영원히 보호받을 수 있다. 또한 스스로 긍정적인 힘이 되어서 부와 조화가 당신에게 끌려오도록 할 수 있다.

27 지난번에 당신은 마음속 그림을 그렸다. 눈에 보이지 않는 것을 보이는 것으로 만들었다. 이번에는 하나의 대상을 골라서 그 기원을 추적해 보고 그것이 정말 무엇으로 구성되어 있는지 살펴보도록 하라. 이렇게 하면 상상력과 통찰력과 인식력과 총명함이 커질 것이다. 이것은 대중들의 피상적인 관찰이 아니라 표면 아래를 보는 날카롭고 분석적인 관찰을 통해 이루어진다.

28 눈에 보이는 것이 단지 결과일 뿐임을 알고 이러한 결과가 나타나게 된 원인을 이해하는 사람은 드물다.

29 예전과 같은 자리에 앉은 뒤 전함戰艦을 떠올려보라. 그 무시무시한 괴물이 수면 위에 떠있는 모습을 그려보라. 주변에 생명이라고는 보이지 않는다. 고요함뿐이다. 진함의 내부분은 물속에 잠겨 있어 눈에 보이지 않는다는 것을 당신은 안다. 또 배가 고층 건물처럼 거대하고 무겁다는 것도 안다. 수백 명의 승무원이 자신의 임무를 즉각 수행할 준비가 되어 있음도 안다. 배의 각 부분이 능력과 기술을 갖춘 숙련된 사람들, 이 놀라운 기계 장치를 책임질 능력을 보여준 사람들에게 맡겨졌음

을 안다. 겉으로는 모든 것에 무관심한 듯 보이는 전함에는 상당한 거리까지 관찰하는 눈이 있고, 그 감시의 눈길을 벗어날 수 있는 것은 아무것도 없음을 안다. 조용하고 순종적이고 순수하게 보이지만, 멀리 떨어진 적에게 수천 파운드나 되는 미사일을 쏠 준비가 되어 있음을 안다. 이뿐 아니라 더 많은 것들도 어렵지 않게 생각해 낼 수 있을 것이다. 하지만 전함은 왜 거기에 가게 된 걸까? 애초에 어떻게 해서 만들어지게 된 것일까? 주의 깊은 관찰자라면 이 모든 것이 궁금할 것이다.

30 주물 공장에 펼쳐진, 전함 건조에 쓰일 거대한 철판들을 따라가면서 수천 명이 그것들을 만들고 있는 모습을 떠올려보라. 더 과거로 가서, 광석이 광산에서 캐내지는 모습을 떠올리고, 배나 차에 실리는 모습, 녹아서 적절한 공정을 거치는 모습을 떠올려라. 더 과거로 돌아가서, 전함을 설계한 건축가와 기술자를 떠올려라. 생각을 더 뒤로 돌려서, 왜 그들이 전함을 만들기로 했는지 떠올려라. 이제 당신은 전함이 눈에 보이지도 존재하지도 않는, 단지 설계자의 머릿속에서 생각으로만 존재하는 시점까지 돌아갔을 것이다. 하지만 그 전함을 만들기로 처음 계획을 내놓은 사람은 누구인가? 어쩌면 국방부일지 모른다. 어쩌면 전쟁이 임박하기 훨씬 전에 이 전함의 건조 계획이 세워져 있었고, 의회에서는 이미 그에 필요한 예산 편성안을 통과시켰을지도 모른다. 어쩌면 누군가 반대를 해서 예산

편성을 저지하려 했을지도 모른다. 의원들은 누구를 대표하는가? 의원들은 우리들을 대표한다. 이와 같이 생각의 흐름은 전함에서 시작하여 우리 자신에서 끝나게 되었으니, 여기에서 보듯이 바로 우리의 생각이 모든 것의 원인이 됨을 알 수 있다. 그러나 우리는 이런 사실에 대해 거의 생각하지 않는다. 조금 더 뒤로 돌아가 보면 가장 중요한 사실이 드러나는데, 그것은 누군가 이 무거운 쇳덩어리가 가라앉지 않고 물 위에 뜨게 하는 법칙을 발견하지 않았다면 전함이 존재할 수도 없었다는 사실이다.

31 그 법칙이란 "비중이란 어떤 물질의 질량과, 이것과 같은 부피를 가진 물의 질량과의 비율이다"라는 것이다. 이 법칙의 발견 덕분에 항해에도 상업에도 전쟁에도 혁명이 일어났으며, 전함 또한 만들 수 있게 되었다.

32 당신은 이 훈련이 무한히 중요하다는 사실을 알 것이다. 생각을 단련하여 표면 아래까지 볼 수 있다면, 모든 것이 다른 모습으로 나타나고, 시시한 것이 중요해지며, 흥미 없는 것이 흥미로워진다. 전혀 중요하지 않다고 생각한 것이 진실로 중요한 것으로 드러난다.

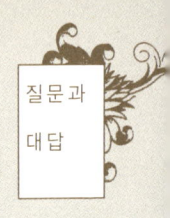

상상은 무엇인가?
일종의 건설적인 생각이다. 그것은 생각과 경험의 새로운 세상으로 들어가는 빛이다. 모든 발명가, 발견가가 관례를 깨고 새로운 경험의 길을 연 강력한 도구이다.

상상의 결과는 무엇인가?
상상력을 키우면 이상이 계발되고, 거기에서 당신의 미래가 만들어진다.

이것을 키우는 방법은 무엇인가?
훈련을 통해서. 상상은 영양분을 주지 않으면 살 수 없다.

백일몽과 상상은 어떻게 다른가?
백일몽은 마음을 낭비시키지만, 상상은 모든 건설적인 행동에 앞서는 건설적인 생각이다.

실수는 무엇인가?
무지의 결과이다.

지식이란 무엇인가?

생각하는 능력의 결과이다.

성공하는 사람이 이용하는 힘은 무엇인가?

끊임없이 움직이면서 계획을 완성하는 데 필요한 환경과 사람을 모으는 마음이 그 힘이다.

결과를 미리 결정하는 것은 무엇인가?

마음속에 굳게 간직한 생각은 그것이 실현되는 데 필요한 조건들을 끌어당긴다.

날카롭고 분석적인 관찰의 결과는 무엇인가?

상상력과 통찰력과 인식력과 총명함이 커진다.

그 결과는 무엇인가?

부와 조화.

다른 이들로 하여금 자신과 함께 생각하게 하는 것으로써
끝을 내는 사람은 자기 혼자의 힘으로 생각하는 것으로써
시작한 사람들이다.

| 콜턴 Colton |

아홉 번째 7일

자기 암시와 마음

1 '외부 세계'에서 원할 만한 것은 오직 세 가지뿐인데 그것들은 '내부 세계'에서 찾을 수 있다. 찾는 비결은 전능한 힘에 적절한 '메커니즘'을 적용하는 것이다.

2 모든 사람이 바라는, 최고의 성장과 완벽한 자기 계발을 위해 필요한 세 가지는 건강, 부, 사랑이다. 누구라도 건강이 절대적으로 필요하다는 점을 인정할 것이다. 몸이 고통스럽다면 누구라도 행복할 리 없다. 부가 꼭 필요하다는 점에 대해서는 모든 사람이 다 인정하지는 않겠지만, 적어도 적당한 만큼은 있어야 한다는 데는 이의가 없을 것이다. 그러나 어떤 이에게는 적당한 것이 어떤 이에게는 절대적으로, 고통스러울 정도로 부족한 것일지도 모른다. 그리고 자연이 우리에게 그저 필요한 정도가 아니라 넘쳐날 정도로 풍성하게 베풀어주는 만큼, 어떤 한계나 결핍이 있다면 그것은 순전히 인위적인 분배 방식에 따른 결과일 뿐이다.

3 사랑이 행복의 세 번째, 아니 어쩌면 첫 번째로 중요한 요소라는 점은 모두가 인정할 것이다. 어찌되었든, 건강, 부, 사랑, 이 모두를 가진 사람은 행복이라는 잔에 더 넣을 것이 없겠다.

4 우리는 우주의 마음이 절대적인 건강, 절대적인 부, 절대적인 사랑이라는 점, 그리고 이 무한한 공급원에 의식적으로 연

결되는 메커니즘이 우리의 생각하는 방식에 들어 있다는 점을 배웠다. 따라서 바른 생각이야말로 '가장 높고 비밀스러운 곳'에 들어가는 길이다.

5 무엇을 생각해야 할까? 이것을 안다면, 우리는 '바라는 것이 무엇이든' 그와 연결될 적절한 방식을 찾게 될 것이다. 방식을 말해 주면 아마 굉장히 단순하다고 생각할지 모르겠다. 그러나 계속 읽어라. 사실 그것은 만능 열쇠, 즉 알라딘의 램프이다. 당신은 그것이 행복의 기반이요 필수적인 조건이며 절대적인 법칙임을 깨닫게 될 것이다.

6 바르고 정확하게 생각하려면 반드시 '진리'를 알아야 한다. 진리는 모든 사업과 사회 관계의 바탕 원리이다. 모든 바른 행동의 선행 조건이다. 진리를 알고 확신과 자신감을 갖게 되면 그 무엇과도 비교가 안 되는 만족을 느낀다. 진리는 의심, 갈등, 위험의 세계에서 단 하나 든든한 기반이다.

7 진리를 안다는 것은 무한하고 전능한 힘과 조화를 이룬다는 뜻이다. 그러므로 진리를 안다 함은 모든 불화, 부조화, 의심, 잘못을 날려버리는 저 도도한 힘과 연결되는 것이다. "진리는 강력하며 영원하리."

8 지능이 낮은 사람이라도 스스로 진리에 따라 행했음을 알면 언제라도 결과를 쉽게 예측할 수 있지만, 지능이 뛰어나고 심오하고 통찰력 있는 사람이라도 스스로 거짓인 줄 아는 전제를 근거로 희망을 품으면 길을 잃는 것은 물론이요 그 결과가 어찌될지도 종잡지 못한다.

9 진리에 순응하지 않는 행동은 고의적이든 부지중의 것이든, 순응하지 않는 꼭 그만큼 불화와 손실을 낳는다.

10 그렇다면 우리를 무한한 힘에 연결시켜 줄 메커니즘을 활용하기 위해서는 진리를 알아야 하는바 그 진리를 알 수 있는 방법은 무엇인가?

11 진리가 우주의 마음의 핵심 원리이고 어디에나 존재함을 깨닫는다면, 우리는 어떤 실수도 할 리가 없다. 가령 건강이 필요하다면, 내부의 '내'가 영적 존재이고 모든 영혼이 하나임을—부분이 있는 곳이라면 전체도 있을 수밖에 없음을—깨달을 때 건강이 조건을 불러올 것이다. 몸의 모든 세포가 분명 당신이 보는 대로의 진리를 표현할 테니. 당신이 병약함을 보면 세포들은 병약함을 드러낼 것이다. 당신이 완벽함을 보면 세포들은 완벽함을 나타낼 것이다. "나는 온전하고 완벽하고 튼튼하며 강하거니와 정답고 조화로우며 행복하다"라는 자기 암시

는 조화로운 조건을 가져다줄 것이다. 그 까닭은 이러한 암시가 진리와 완벽하게 조화를 이루기 때문이고, 진리가 나타나면 거짓이나 불화는 필연적으로 사라질 수밖에 없기 때문이다.

12 당신은 '나'라는 존재가 영적임을 배웠다. 그렇다면 '나'는 항상 완벽하지 않을 리 없다. 따라서 "나는 온전하고 완벽하고 튼튼하며 강하거니와 정답고 조화로우며 행복하다"는 암시는 정확하게 과학적인 언명이다.

13 생각은 영적인 활동이고 영혼은 창조적이다. 따라서 이 생각을 마음속에 간직하면 이 생각과 조화를 이루는 결과가 나올 수밖에 없다.

14 부가 필요하다면, 내부의 '내'가 전능한 우주의 마음과 하나임을 깨닫는 것이 끌어당김의 법칙을 활용하는 길이 될 것이고, 끌어당김의 법칙은 어떤 힘들, 곧 자기 암시의 목적과 특성에 정비례하는 만큼의 능력과 부를 당신에게 가져다주고 또 성공으로 이끌어줄 힘들과 당신이 조화를 이루게끔 해줄 것이다.

15 영상화는 필요한 것이 오게 하는 메커니즘이다. 영상화는 '보는 것'과는 매우 다른 과정이다. 보는 것은 물질적이고, 따라서 객관적인 세계, 곧 외부 세계와 연관되지만, 영상화는 상

상의 산물이고, 따라서 주관적 마음, 곧 내부 세계의 산물이다. 그러므로 영상화는 생명력을 갖는다. 그것은 성장해 나아갈 것이고, 영상화된 것은 외형을 띠고 나타날 것이다. 이 메커니즘은 완벽하다. 이것은 '모든 일을 잘 해내는' 건축의 거장[1]의 작품이다. 안타깝게도 조작하는 사람이 경험이 부족하거나 사용법을 잘 모를 때가 더러 있다. 그러나 훈련과 결의로 이 문제를 극복할 수 있다.

16 사랑이 필요하다면, 사랑을 받는 유일한 방법은 사랑을 주는 것임을 깨닫고자 노력하라. 더 많이 줄수록 더 많이 받을 것이다. 사랑을 주는 유일한 방법은 먼저 스스로 사랑으로 가득해져서 자석이 되는 것이다. 방법은 다른 곳에서 설명했다.

17 위대한 영적 진리들을 이른바 사소한 일들에 적용하는 법을 터득한 사람은 문제 해결의 비결을 발견한 셈이다. 위대한 생각, 위대한 사건, 위대한 자연, 또 위대한 사람과 가까이 지내는 사람은 늘 생기가 있고 생각이 깊어질 것이다. 링컨에게 가까이 사는 사람은 산에 다가갈 때와 같은 느낌을 받았다고 하는데, 이런 느낌은 링컨이 영원한 것들과 진리의 힘을 발견했음을 그들이 알았을 때 더욱 예리했다고 한다.

---

[1] 우주의 마음을 의미함.—옮긴이

18 실제로 이러한 원리를 시험해 본 사람, 살아가면서 입증해 본 사람에게서 이야기를 들으면 영감을 얻을 수 있다. 나는 오늘 프레드릭 앤드루스가 쓴 편지를 받았다. 그가 말했다.

"《노틸러스 *Nautilus*》[2] 3월호에 보면 나에게 어떤 일이 있었는지 나와 있을 걸세. 필요하다면 얼마든지 인용해서 사용해도 좋네.
친애하는,
프레드릭 엘리아스 앤드루스가
1917년 3월 7일
인디애나폴리스에서"

19 "내가 13살 정도 되었을 때였다. T.W. 마씨 Marsee 박사가 어머니에게 이렇게 말했습니다. '앤드루스 부인, 가망이 없습니다. 저도 제 아들을 잃지 않으려고 할 수 있는 일은 모두 해봤지만 똑같이 잃어버리고 말았답니다. 이러한 증상에 대해서 특별히 연구도 해봤으나 나아질 가망이 없다는 걸 알았습니다.'

20 어머니가 박사를 보고 말했다. '박사님, 박사님 아들이었다면 어떻게 하시겠어요?' 그러자 그가 대답했다. '숨이 붙어

---

[2] 당시 나오던 책자.—옮긴이

있는 한 싸우고 또 싸우겠지요.'

21 그것이 길고 긴 전투, 수많은 승리와 패배로 점철된 전투의 시작이었다. 의사들은 하나같이 나을 가능성이 없다고 하면서도, 있는 힘껏 격려하고 응원해 주었다.

22 그러나 마침내 승리가 찾아왔고, 나는 손과 무릎으로 짚고 돌아다니던 작고 뒤틀린 앉은뱅이에서 강하고 두 발로 걷는 튼튼한 남자가 되었다.

23 자, 당신이 그 공식을 궁금해한다는 걸 안다. 되도록 간단하고 빠르게 공식을 알려주겠다.

24 나는 내게 가장 필요한 자질들을 골라서 자기 암시 문구를 만들었고, 스스로 반복해서 암시하고 또 암시했다. '나는 온전하고 완벽하고 튼튼하고 강하고 정답고 조화로우며 행복하다.' 나는 이 말을 잘 간직하고 있으면서 한결같이 이 말을 반복했다. 마침내 어느 날 밤 깨어나자 저절로 그 말을 되뇔 정도가 되었다. '나는 온전하고 완벽하고 튼튼하고 강하고 정답고 조화로우며 행복하다.' 이것은 내가 잠들기 전에 또 일어나자마자 하는 말이었다.

자기 암시와 마음

25 나는 이것을 내 자신뿐 아니라 내가 보기에 필요한 다른 사람들을 위해서도 사용했다. 이 점을 강조하고 싶다. 자신을 위해 바라는 것이 있다면 다른 사람을 위해서도 바라라. 당신도 그 사람도 도움을 받을 것이다. 우리는 뿌린 대로 거둔다. 사랑과 건강의 생각을 보내면, 마치 음덕을 쌓은 것처럼 우리에게 돌아올 것이다. 마찬가지로 두려움, 걱정, 질투, 분노, 미움의 생각을 보내면, 그것들 또한 우리 삶에 나타나게 된다.

26 사람은 7년마다 완전히 다시 만들어진다는 말이 있었는데, 요즘에 어떤 과학자들은 사람이 11개월마다 완전히 새롭게 만들어진다고 주장하기도 한다. 그렇다면 우리는 나이가 아무리 많아봐야 11개월밖에 안 되는 셈이다. 매년 몸에 안 좋은 부분이 다시 생겨난다면, 결국 탓할 사람은 자신뿐이다.

27 인간은 그가 한 생각의 총합이다. 그러므로 문제는 어떻게 좋은 생각만 하고 나쁜 생각은 거부하는가이다. 우리는 나쁜 생각이 일어나지 않도록 막지는 못하더라도 그런 생각을 거부할 수는 있다. 그 유일한 방법은 잊어버리는 것이다. 그러니까 다른 생각으로 바꾸라는 말이다. 이때가 미리 만들어둔 자기암시를 사용할 순간이다.

28 화, 질투, 두려움, 걱정이 파고들면 당신이 만든 암시 문구

를 외워라. 어두움에 저항할 도구는 빛이고, 추위에 저항할 도구는 열이며, 악에 대항할 도구는 선이다. 내 경험으로는 '부정否定'으로는 아무런 도움도 되지 않았다. 좋은 것을 긍정하면 나쁜 것은 사라질 것이다.

—프레드릭 엘리아스 앤드루스"

29 필요로 하는 것이 있다면 이 암시를 사용하면 좋을 것이다. 더 덧붙일 것도 없다. 그대로 사용하라. 조용한 곳으로 가서 그것이 잠재 의식에 가라앉아 어디서든(차에서나 사무실에서나 집에서나) 사용할 수 있을 때까지 반복하라. 이것이 영적인 방법의 이점이다. 늘 활용할 수 있으니까. 영혼은 어디에나 존재하고, 늘 대기하고 있다. 필요한 것은 그 전능함을 제대로 인식하고 그 혜택을 받으려는 자세를 갖는 일이다.

30 우리의 주된 마음가짐이 힘과 용기와 친절함과 동정심이라면, 그러한 생각에 어울리지 않는 조건은 우리 주변에 나타나지 않을 것이다. 그러니 연약함과 비판과 질투와 파괴라면, 이러한 생각을 반영하는 조건이 나타날 것이다.

31 생각은 원인이고 조건은 결과이다. 이것이 선과 악의 기원을 설명해 준다. 생각은 창조하는 힘으로서, 생각하는 대상과 저절로 연결된다. 이것이 우주의 법칙, 곧 끌어당김의 법칙, 혹

은 원인과 결과의 법칙이다. 이 법칙을 알고 적용하면 시작과 끝이 결정될 것이다. 바로 이 법칙 때문에 어떤 시대를 막론하고 사람들이 기도의 힘을 믿은 것이다. "네 믿음대로 되리라"라는 말은 더 짧게 더 좋게 표현한 말에 불과하다.

32 이번에는 식물을 하나 떠올려보라. 당신이 가장 아끼는 꽃을 떠올려라. 보이지 않는 꽃이 보이게 하라. 작은 씨앗을 심고, 물을 주고, 보살피고, 아침나절의 햇볕을 쪼일 수 있는 곳으로 옮기고, 싹이 트는 모습을 떠올려라. 이제 살아있는 생명이 되었다. 생존의 방법을 찾으려고 노력하기 시작하는 살아있는 존재가. 땅속으로 뚫고 들어가는 뿌리를 보고, 뿌리가 사방팔방으로 퍼져나가는 모습을 보라. 뿌리가 증식을 반복하는 살아있는 세포라는 사실, 그 숫자가 곧 수백만 개가 될 것이고, 각각의 세포에 지능이 있으며, 자신에게 필요한 것과 그것을 얻는 방법을 안다는 사실을 기억하라. 줄기가 솟아나 자라는 모습과, 땅 위에서 뚫고 나오는 모습을 보라. 줄기가 갈라져서 가지가 되고, 가지들이 얼마나 완벽하게 대칭을 이루면서 만들어지는지 보고, 잎사귀가 만들어지고, 그런 뒤에 작은 줄기가 생기며, 각각의 줄기에 씨앗이 달리는 모습을 보라. 꽃봉오리가 열리기 시작하더니 당신이 좋아하는 꽃이 눈에 보이기 시작한다. 이제 더욱 집중하면 향기가 느껴질 것이다. 당신이 영상화한 아름다운 창조물에서 부드러운 바람을 타고 흘러나오는

향기이다.

33 영상화를 명확하고 완벽하게 할 수 있게 되면, 그 영상화되는 대상의 혼에 다가갈 수 있다. 그것은 당신에게 아주 현실적으로 느껴질 것이고, 당신은 집중하는 법을 배우게 될 것이다. 그 과정은 건강이든, 아름다운 꽃이든, 어떤 이상이든, 복잡한 사업 제안이든, 또는 다른 문제든 똑같다.

34 모든 성공은 목표로 하는 대상에 꾸준히 집중함으로써 이루어졌다.

질문과 대답

모든 행복에 필수적인 조건은 무엇인가?
좋은 행동.

모든 바른 행동의 선행 조건은 무엇인가?
바른 생각.

사업이나 사회 관계에서 필요한 바탕이 되는 조건은 무엇인가?
진리를 아는 것.

진리를 알면 어떤 결과가 생기는가?
참된 전제에 근거한 행동은 무엇이든 그 결과를 쉽게 예측할 수 있다.

그릇된 전제에 근거한 행동의 결과는 어떤가?
행동의 결과를 예측할 수가 없다.

어떻게 하면 진리를 알 수 있는가?
진리가 우주의 핵심적인 원리이고, 따라서 어디에나 존재한다는 점을 깨달음으로써.

진리의 본질은 무엇인가?
진리는 본질적으로 영적이다.

모든 문제의 해결책을 얻는 비결은 무엇인가?
영적인 진리를 적용하는 것.

영적인 방법의 이점은 무엇인가?
항상 사용할 수 있다.

거기에 필요한 것들은 무엇인가?
영적인 힘의 전능함을 인식하고 그 혜택을 받으려는 자세를 갖는 일.

생각은 생명을 뜻한다. 생각하지 않는 자는 어떤 의미에서도
살아간다 할 수 없기에. 생각이 인간의 생명이다.

| **A.B. 올컷**Alcott |

열 번째 7일

확실하고
분명한 원인

1 풍요는 우주의 자연 법칙이다. 이 법칙의 증거는 분명하다. 증거는 주변 어디에나 있다. 자연은 어디에서든 후하고 넉넉하고 넘치게 준다. 어디에서도 절약은 찾아볼 수 없다. 어디에나 풍요로움이 넘쳐난다. 수백 수천만의 나무와 꽃과 식물과 동물, 그리고 창조와 재창조의 과정이 반복되는 생식의 거대한 바퀴는 끝없이 굴러가며, 이는 자연이 인간에게 후하다는 것을 보여준다. 모두에게 풍요로움이 넘친다는 사실은 분명하지만, 거기에 동참하지 못하는 사람이 많은 것 또한 사실이다. 그들은 아직 모든 원료가 하나로 연결된다는 점도 깨닫지 못했고, 활동하는 원리인 마음을 통해서 원하는 것들과 연결된다는 점도 깨닫지 못했다.

2 모든 부는 힘의 소산이다. 소유물은 그것이 우리에게 힘을 줄 때에만 가치가 있다. 사건도 힘에 영향을 줄 때에만 중요하다. 모든 것은 일정한 형태와 크기의 힘을 상징한다.

3 전기, 화학 친화력, 중력을 지배하는 법칙 등에 나타나는 원인과 결과를 알기 때문에, 인간은 용감하게 뜻을 세우고 두려움 없이 실행할 수 있다. 이러한 법칙을 자연 법칙이라고 하는데, 이는 그 법칙들이 물질 세계를 지배하기 때문이다. 하지만 모든 힘이 물질 차원에만 해당하는 것은 아니다. 물질 차원의 힘말고 마음 차원의 힘, 도덕적인 힘, 영적인 힘도 있다.

4 영적인 힘은 더 높은 차원에 존재하기 때문에 더 강하다. 영적인 힘 덕택에 인류는 자연의 놀라운 힘들을 다스리고 활용하는 법칙을 발견하여 수백 수천 명분의 일을 해낼 수 있었다. 또한 시공을 극복하는 법칙도 발견했고, 이제 중력도 곧 극복할 것으로 보인다.[1] 영적인 힘의 작용 여부는 영적인 접촉에 좌우되는데, 헨리 드러먼드[2]는 이에 대해 이렇게 멋지게 말했다.

5 "물질 세계에는 알다시피 생물과 무생물이 존재한다. 광물과 같은 무생물계는 식물이나 동물계와 완전히 단절되어 있다. 출입구가 밀폐되어 있는 것이다. 이 장막은 아직 한 번도 극복되지 못했다. 물질의 변화도, 환경의 변형도, 화학도, 전기도, 어떠한 에너지도, 어떤 진화도 광물계의 원자 하나에조차 '생명'이라는 특성을 부여하지 못했다.

6 오직 어떤 살아있는 것이 이 죽은 세계 안으로 들어갈 때에만 이 죽은 원자들에 생명이라는 특성을 부여할 수 있다. 만약 이런 접촉이 없다면 그것들은 영원히 무생물계에 머물러 있을 것이다. 헉슬리Huxley는 생물 발생설(생명은 오직 생명에서만 온다)의 원칙이 옳다고 말했고, 틴들Tyndall은 '오늘날의 생명체

---

[1] 당시는 아직 우주 여행이 실현되기 전이었다.—옮긴이
[2] Henry Drummond[1851-1897]. 에딘버러 대학의 교수. 자연 과학과 종교에 깊은 관심을 가졌다. 참된 행복을 위한 방법으로 사랑을 전달하려 노력했다.

가 이전 생명체와 무관하게 생겨났다는 말을 믿을 만한 증거는 어디에도 없다고 확신한다'고 말했다.

7 '물리의 법칙은 무생물에 관해 설명하고 생물학은 생물에 관해 설명하지만, 그 둘이 만나는 지점에 대해서는 과학도 묵묵부답이다. 이와 유사하게 자연의 세계와 영혼의 세계 사이에도 통로가 있다. 이 통로는 자연의 세계에서 볼 때는 봉인되어 있다. 문이 닫힌 것이다. 누구도 열 수 없고, 어떤 유기적인 변화나 마음의 에너지, 노력, 발전도 인간을 영혼의 세계에 들어가게 해주지는 못했다.'"

8 그러나 식물이 광물계에 손을 뻗어서 생명의 신비로 변화를 일으키듯, 우주의 마음도 인간의 마음에 내려와서 새롭고 낯설고 멋지고 심지어 놀랍기까지 한 자질들을 부여해 준다. 산업이나 사업이나 예술 분야에서 뭔가를 성취한 사람들은 하나같이 이러한 과정에 힘입어 그렇게 할 수 있었다.

9 생각은 무한함과 유한함을 연결하고 우주와 개인을 연결하는 고리이다. 보았다시피 생물과 무생물 사이에는 건널 수 없는 장벽이 존재하고, 물질이 생명을 갖게 하는 유일한 방법은 생명을 수정시키는 것뿐이다. 씨앗 하나가 광물계에 들어가 자신을 펼치고 뻗어 나오면서 죽은 물질이 살기 시작하고, 보이

지 않는 천 개의 손가락이 새로운 생명에게 살기에 적합한 환경을 만들기 시작하며, 여기에 성장의 법칙이 작용하면서 마침내 백합이 피어나게 되는바, "솔로몬의 모든 영광으로도 입은 것이 이 꽃 하나만 같지 못하였느니라"라는 말이 이루어지게 된다.

10 마찬가지로, 우주의 마음이라는, 만물이 창조되는 보이지 않는 땅에 하나의 생각이 뿌려지고 그것이 뿌리를 내리면서 성장의 법칙이 영향을 미치기 시작하는바, 우리는 조건과 환경이란 단지 생각이 외부 세계로 나타난 것에 불과함을 알게 된다.

11 법칙은 "생각이란 동적인 에너지의 활동 형태이고, 그 에너지가 생각의 대상과 연결되어 보이지 않는 원료를 가지고 보이는 것으로 만들어낸다"는 것이다. 이 법칙을 통해 모든 것이 현실로 나타나게 된다. 이것이 가장 높고 은밀한 곳에 들어가서 "모든 것을 다스릴 권세"를 받을 수 있는 문을 여는 열쇠이다. 이 법칙을 이해하면 당신은 "무엇을 경영하든 이루어질 것이다."

12 그럴 수밖에 없다. 알다시피 우주의 혼soul of the Universe이 곧 우주의 영Universal Spirit이라면, 우주란 우주의 영이 거하기 위해 만든 환경에 불과하다. 우리는 개별화된 영혼이고,

이와 똑같은 방식으로 성장하기 위한 환경을 만들어내고 있다.

13 이 창조력은 우리가 영혼 혹은 마음의 잠재력을 인식하느냐 아니냐에 달려 있지만, 이것을 진화와 혼동해서는 안 된다. 창조는 물질 세계에 존재하지 않는 것을 만들어내는 과정이다. 진화는 이미 살아있는 존재의 잠재된 것이 드러나는 과정이다.

14 이 법칙을 적용시켜 당신이 받은 놀라운 가능성을 활용할 때는, 자신이 거기에 기여하는 바가 없음을 기억해야 한다. 위대한 스승 예수가 말했듯이, "일을 하는 것은 내가 아니라 내 안에 계신 아버지"인 것이다. 우리도 똑같은 자세로 임해야 한다. 우리는 창조 과정을 도울 수 없고 단지 법칙을 따라갈 뿐이다. 모든 것을 만들어내는 우주의 마음이 결과를 가져다줄 것이다.

15 오늘날 우리는 "인간이 지능을 부여해야만 무한한 존재가 특정한 목적을 이루거나 결과를 낼 수 있다"고 잘못 생각한다. 이런 것은 전혀 필요치 않다. 우주의 마음은 어떤 것이라도 만들어낼 방법을 찾아낼 수 있다. 그러나 우리는 반드시 '이상'을 창조하고 그것이 완벽해지도록 해야 한다.

16 알다시피 전기를 지배하는 법칙이 공식화되었고, 우리는

그 보이지 않는 힘을 제어함으로써 수천 가지 방식으로 그 편리함과 혜택을 누리게 되었다. 전 세계와 통신하고, 거대한 기계를 제어하며, 실제로 전 세계를 전기로 밝히게 되었지만, 알고 하든 모르고 하든 제대로 절연되지 않은 전깃줄을 건드려 흐름을 방해하면 좋지 않은, 심지어 위험한 결과를 빚기도 한다. 보이지 않는 세계를 지배하는 법칙을 이해하지 못하면 이와 같은 결과가 나오게 된다. 실제로 수많은 사람들이 그러한 상황을 겪고 있다.

17 인과의 법칙에 양극兩極(양극陽極과 음극), 그러니까 회로가 필요하다고 이야기한 바 있다. 회로는 우리가 법칙과 조화를 이루지 않으면 구성되지 않는다. 법칙이 무엇인지 모르면서 어떻게 법칙과 조화를 이루겠는가? 법칙은 어떻게 알 수 있을까? 연구와 관찰로 알 수 있다.

18 법칙은 어디서나 작용하고 있다. 자연은 모두 성장의 법칙에 따라 조용하고 끊임없이 자신을 드러내면서 법칙이 작용하고 있음을 증명해 보인다. 성장하는 곳에는 생명이 존재하는 법이다. 생명이 있는 곳에는 조화가 있는 법이다. 생명이 있는 모든 것은 자신을 가장 완벽하게 발전시키기 위해 필요한 조건과 공급원을 끊임없이 끌어당긴다.

19 당신의 생각이 자연의 창조 원리와 조화를 이룬다면 우주의 마음과도 조화를 이룬 셈이고, 따라서 회로가 형성되어 그에 따른 결과가 나타나지 않을 리 없다. 하지만 당신은 무한한 존재와 조화를 이루지 못하는 생각을 할 수도 있다. 그리하여 양극이 형성되지 않으면 회로도 형성되지 않는다. 그럴 때는 어떤 결과가 나올까? 발전기가 전기를 만들어내고 있는데, 회로가 차단되고 연결 콘센트도 없다면 어떻게 되겠는가? 발전기는 멈추고 만다.

20 우리도 똑같다. 무한한 존재와 조화를 이루지 못하는 생각을 하면 양극이 형성되지 않을 것이고, 따라서 회로도 형성되지 않는다. 당신은 고립될 것이고, 걱정스러운 생각이 끊임없이 떠올라 당신을 괴롭힐 것이며, 마침내 당신은 병에 걸리거나 죽게 될 것이다. 의사는 이런 식으로 올바른 진단을 하지 않을 수도 있다. 그러고는 그릇된 생각 때문에 생긴 갖가지 병들에 그럴 듯한 병명을 붙일지도 모른다. 하지만 원인은 바뀌지 않는다.

21 건설적인 생각은 반드시 창조적이어야 하고, 창조적인 생각은 조화로워야 한다. 이렇게 하면 모든 파괴적인 생각이나 경쟁 의식이 사라진다.

22 지혜와 강함과 용기와 모든 조화로운 조건들은 힘의 결과이고, 모든 힘은 내부에서 나온다. 마찬가지로 모든 부족함과 제약과 힘겨운 환경은 연약함의 결과이다. 연약함은 힘이 없는 상태일 뿐이다. 연약함의 근원은 없다. 따라서 그 치료제는 힘을 계발하는 것이고, 힘을 계발하는 방법은 다른 모든 것을 계발하는 방법과 동일하다. 훈련이다.

23 훈련에는 지식의 적용도 포함된다. 지식은 스스로 적용되지 않는다. 당신이 적용해야 한다. 풍요는 하늘에서 내려오는 것도, 당신 품으로 뛰어드는 것도 아니다. 끌어당김의 법칙을 의식적으로 깨닫고, 확실하고 분명하며 구체적인 목적을 위해서 그것을 활용하겠다는 의도와 그 목표를 이루겠다는 의지가 있어야 한다. 이렇게 할 때 전이轉移 법칙에 의해 원하는 것이 물질화되어 나타날 것이다. 당신이 사업가라면, 사업은 일반적인 방식을 따라 발전할 것이다. 새로운 길이나 방식도 열릴지 모른다. 법칙이 온전하게 작용하게 되면 당신이 찾는 것들이 거꾸로 당신을 찾게 될 것이다.

24 이번에는 평소 자리로 가서, 벽 쪽으로 빈 공간이나 편안한 장소를 정하라. 마음속으로 검은색 선을 가로로 15센티미터 정도 그려보아라. 벽에 페인트로 그어져 있기라도 한 것처럼 분명하게 선을 보려고 노력하라. 그런 뒤에 선의 양쪽 끝에서

두 개의 세로 선을 마음속으로 그려라. 이제 두 개의 세로 선을 연결하는 가로 선을 하나 더 그려라. 이제 사각형이 되었을 것이다. 사각형을 완벽하게 보려고 하라. 할 수 있게 되면, 사각형 안에 원을 하나 그려라. 원 가운데에 점을 하나 정하라. 그 점을 당신 쪽으로 25센티미터 정도 당겨라. 이제 사각형 바닥을 가진 원뿔이 하나 생겼을 것이다. 색깔은 전부 검은색임을 기억하라. 이제 색을 흰색, 빨간색, 노란색으로 바꾸어보아라.

25 이렇게 할 수 있다면, 당신은 훌륭하게 발전하고 있는 셈이다. 이제 곧 어떤 문제든지 마음속으로 집중할 수 있게 될 것이다.

질문과
대답

부란 무엇인가?
힘의 소산이다.

소유한 것들의 가치는 무엇인가?
소유한 것들은 (가진 사람에게) 힘을 줄 때만 가치가 있다.

원인과 결과를 알면 무슨 도움이 되는가?
그것을 알면 용감하게 계획하고 두려움 없이 행동할 수 있다.

어떻게 무생물의 세계에서 생명이 발생하는가?
생명체가 개입되어야만 가능하다. 다른 방법은 없다.

무한함과 유한함을 연결하는 고리는 무엇인가?
생각이 연결 고리이다.

왜 그런가?
우주는 개인을 통해서만 나타날 수 있기 때문이다.

인과 관계는 무엇에 의존하는가?
양극陽極과 음극이 서로 연결되는가에 의존한다. 회로가 형성이 되어야만 한다. 우주는 생명이라는 건전지의 양극이고, 개인은 음극이며, 생각은 회로를 연결해 준다.

많은 사람이 조화로운 조건을 얻지 못하는 이유는 무엇인가?
법칙을 이해하지 못하기 때문이다. 양극兩極을 형성하지 않았고, 회로를 연결하지 못했기 때문이다.

처방은 무엇인가?
끌어당김의 법칙을 제대로 인식하고, 분명한 목적 아래 현실로 나타나게 하겠다는 의도가 있어야 한다.

그 결과는 무엇인가?
생각은 그 대상과 연결되어 그것이 현실에 나타나게 할 것이다. 생각은 영적인 인간의 산물이고, 영혼은 우주의 창조 원리이기 때문이다.

生생한 생각은 그것을 그려낼 힘을 동반한다.
생각이 얼마나 깊은가에 따라서 그 힘도 달라진다.

| 에머슨 |

열한 번째 7일

귀납 추리와 의식

1 귀납 추리는 의식의 작용으로, 여러 상황들을 비교해서 모두에게 해당되는 공통 요소를 찾아내는 과정이다.

2 귀납법은 사실의 비교로 이루어진다. 이것은 자연을 연구하는 방법의 하나이고, 그 덕분에 인류 발전의 획을 그은 '법칙의 영역'이 발견되었다.

3 귀납 논리는 미신과 지성을 구분하는 선이다. 불확실함과 변덕을 인간의 삶에서 없애고, 그 대신 법칙과 이성과 확실함을 주었다.

4 앞서 언급했던 '문지기'가 바로 이것이다.

5 그 덕택에, 감각에 익숙해 있던 세계에 혁명이 일어났으니, 태양이 지구 둘레를 돌기를 멈추고, 평평하게만 보이던 지구가 둥그런 공이 되어 태양 주위를 돌기 시작했으며, 죽은 물질이 분해되어 움직이는 원소들로 나뉘고, 망원경이나 현미경을 들이대는 곳마다 우주의 힘과 역동성과 생명이 드러나게 되었다. 이제 우리는 어떻게 우주의 세밀한 유기체들이 질서 있게 보존되며 돌아가는지 묻지 않을 수 없다.

6 같은 극과 같은 힘은 서로 밀어낼 뿐 합해지지 않는데, 이

때문에 별, 인간, 힘들 사이에 적절한 거리와 공간이 생기는 것으로 생각된다. 사람도 서로 다른 사람끼리 짝이 되듯이, 반대의 극끼리 서로 끌어당기고, 산(酸)과 기체처럼 공통점이 없는 원소들이 서로 결합하며, 거래도 보통 수요와 과잉 사이에 이루어진다.

7 인간이 보색을 보면서 만족을 느끼듯이, 넓은 의미에서 필요와 욕구와 소망도 행동을 유발하고 인도하며 결정한다.

8 법칙을 알고 거기에 따라서 행동할 수 있다는 사실은 하나의 특권이다. 조르주아 퀴비에[1]는 멸종 동물의 이빨을 연구했다. 이빨이 기능을 하려면 붙어 있을 몸이 필요하다는 점에 착안, 거기에 맞는 신체 조건을 정확하게 추론해 냄으로써 퀴비에는 동물의 구조를 재구성할 수 있었다.

9 천왕성의 움직임에서 섭동perturbation[2]이 발견되었다. 르베리에Le Verrier는 태양계가 질서를 유지하려면 어느 특정한 위치에 행성이 하나 더 있어야 한다고 생각했고, 그렇게 하여 그

---

[1] Georges Baron Cuvier 1769~1832. 프랑스의 동물학자, 정치가. 비교해부학과 고생물학을 확립했다.—옮긴이
[2] 태양의 인력만 있으면 행성이 타원을 따라 움직이겠지만, 다른 행성의 힘도 작용하기 때문에 그 궤도를 벗어나는 경우가 있는데 이를 섭동이라 한다.—옮긴이

장소에서 그 시간에 해왕성을 발견했다.

10 동물의 한 부분이 나머지 부분과 합해지는 특정한 방식과 퀴비에가 마음속에서 구상한 방식은 같았다. 르베리에의 경우도 마찬가지였다. 법칙은 먼저 사람의 마음속에서 개념으로 존재한 뒤에 자연을 관찰함으로써 실재가 된다. 그러므로 법칙을 알면 추론을 통해서 더 복잡한 작용도 알아낼 수 있다.

11 인간은 자연이 제공한 해답들을 바르게 기록했고, 발전하는 과학에 힘입어 자연에 대한 감각의 지평을 더욱 넓혔다. 지구를 움직이는 지렛대를 손에 쥐게 된 것이다. 이에 따라 인간은 매우 깊고 다양하고 가깝게 외부 세계와 접하게 되었으며, 시민의 삶과 자유와 행복이 정부의 존재와 하나가 되듯, 우리의 욕구와 목적도 이 거대한 우주의 조화와 하나가 되었다.

12 개인의 이익이 국가의 군대에게 보호를 받듯이, 그리고 개인의 필요가 얼마나 보편적이고 꾸준한가에 따라서 그 공급되는 정도가 달라지듯이, '자연 공화국'에서 의식 있는 시민이 되면 강력한 힘들의 원조를 받아 그보다 못한 힘들로부터 더 이상 괴롭힘을 받지 않게 되고, 기계나 화학 물질에 적용되는 저항이나 유도의 법칙을 잘 파악함으로써 인간과 도구들의 노동력을 가장 이득이 되는 방향으로 분배할 수 있다.

13 플라톤이 사진사가 찍은 사진을 볼 수 있었다면, 또는 귀납법을 이용해 인간이 할 수 있게 된 이와 비슷한 수백 가지 예들을 볼 수 있었다면, 아마도 스승 소크라테스의 지적인 산파술이 생각났을 것이다. 그리고 온갖 형태의 노동과 반복적인 일이 자연의 힘으로 대체되고, 의지로 움직이는 정신 작용만으로 욕구가 만족되고 공급이 수요를 충족시키는 세상을 마음속에 그렸을 것이다.

14 그 세상이 아무리 멀게 보이더라도, 인간은 귀납 추론 덕분에 그곳을 향해 성큼성큼 걸어가야 한다는 것을 배울 수 있었고, 또 지난날의 충성에 대한 보상과 더욱 열심히 헌신할 동기를 한꺼번에 얻을 수 있었다.

15 귀납법은 우리가 남은 생애 동안 우리의 기능을 집중하고 강화하는 데 도움을 줄 뿐더러, 단지 가장 순수한 형태의 정신 작용만 가지고도 개인의 문제는 물론 전체의 문제에 대해서까지 확실히 해결할 수 있는 방법을 제공한다.

16 이제 우리는 방법을 하나 발견했지만, 핵심은 "구하면 이루어진다"고 믿어야 그것을 이룰 수 있다는 것이다. 우리에게 주어진 이 방법이 아니었다면, 플라톤도 이상이 현실이 되는 방법을 결코 발견하지 못했을 것이다.

17 스베덴보리[3] 역시 이것에 상응하는 원칙을 역설했다. 그리고 더욱 위대한 스승 예수는 이렇게 말했다. "무엇이든지 기도하고 구하는 것은 받은 줄로 믿으라. 그리하면 너희에게 그대로 되리라."(〈마가복음〉 11장 24절) 여기에 기록된 글의 시제 차이는 놀랍다.[4]

18 우리는 먼저 원하는 바가 이미 충족되었다고 믿어야 한다. 그러면 실현될 것이다. 이것은 특정한 소망이 이미 사실로 존재한다고 우주의 마음에 각인함으로써 생각의 창조력을 활용하는 간단한 지침이다.

19 우리는 절대적인 차원에서 생각해야 하고, 조건이나 제약에 대해서는 아무 생각도 하지 말아야 한다. 씨앗을 심고 방해하지 않는다면, 씨앗은 마침내 바깥으로 자라나 열매를 맺게 될 것이다.

20 복습해 보자. 귀납 추론은 외부 의식(의식)의 작용이고, 여러 대상을 비교하여 마침내 공통적인 요소를 찾아내는 과정이

---

[3] Emanuel Swedenborg[1688~1772]. 스웨덴의 자연과학자, 철학자, 신비주의자, 신학자.—옮긴이
[4] '믿으라'는 현재 시제로, '그대로 되리라'는 미래로 썼다는 뜻. 먼저 믿어야 함을 강조하는 말.—옮긴이

다. 모든 문명국의 시민들은 스스로 이해하지 못하여 다소 신비롭다고 여기는 어떤 과정을 통해서 결과를 얻고 있다. 우리에게 이성이 주어진 것은 이러한 결과가 나오는 법칙을 발견하기 위함이다.

21 몇몇 행운아들에게서 그러한 사고 과정이 적용되는 예를 볼 수 있는데, 이들은 다른 사람들이 애써서 얻어야 하는 것을 모두 갖고 있는 사람들이다. 그들은 의식적으로 애를 쓰는 법이 없는데, 이는 그들이 자신의 행동을 되돌아보지 않으면서도 늘 바르고 균형 있게 행동하고, 모든 것을 쉽게 배우며, 시작한 일은 말끔하게 완수하고, 자신과 변함 없이 조화를 이루고 살면서 어떤 어려움이나 문제도 느끼지 않기 때문이다.

22 이런 생각의 열매는, 말하자면 신들의 선물이지만, 이 선물을 깨닫고 이해하고 제대로 아는 사람은 거의 없다. 적절한 조건하에서 마음이 갖는 놀라운 힘을 인식하고, 이 힘을 사용하고 지휘하여 인간의 모든 문제를 해결할 수 있음을 인식하는 일이 무엇보다도 중요하다.

23 모든 진리는, 그것을 현대적이고 과학적인 언어로 표현하든 아니면 고대의 언어로 표현하든 똑같다. 소심한 사람들은 진리가 완벽하기에 다양하게 표현된다는 점을 깨닫지 못한다.

한 가지 표현으로는 진리의 모든 측면을 보여줄 수 없다.

24 변화, 강조, 새로운 언어, 색다른 해석, 익숙하지 않은 관점 들은 일부 사람들이 생각하듯이 진리에서 멀어짐을 의미하는 것이 아니라 오히려 새로운 필요에 따라서 진리가 파악되고 있으며 점점 더 폭넓게 이해되고 있다는 증거이다.

25 진리는 반드시 모든 세대, 모든 사람에게 그 시대에 맞는 말로 전해져야 한다. 따라서 위대한 스승 예수가 "받은 줄로 믿으라. 그리하면 너희에게 그대로 되리라"라고 했을 때, 바울이 "믿음은 바라는 것들의 실상이요 보지 못하는 것들의 증거니"(《히브리서》 11장 1절)라고 했을 때, 그리고 현대 과학자들이 "끌어당김의 법칙은 생각과 그 대상을 연결하는 법칙이다"라고 했을 때, 그 각각의 말을 분석해 보면 정확히 같은 진리임을 알게 된다. 차이점은 표현 방식뿐이다.

26 우리는 새로운 시대로 들어가는 문지방에 서 있다. 인류가 완성의 비결을 터득하는 시대가 되었고, 지금까지 꿈꾸었던 모든 것보다 훌륭하고 새로운 사회 질서를 위한 길이 예비되고 있다. 현대 과학과 신학 사이의 갈등, 종교간의 비교 연구, 새로운 사회 운동의 거대한 힘, 이 모든 것은 단지 새로운 질서를 위한 길을 준비하는 것일 뿐이다. 낡고 무력해진 전통적인 형

식은 사라졌을지 모르지만, 가치는 하나도 사라지지 않았다.

27 새로운 믿음이 이미 태어났다. 새로운 표현 방식을 요구하는 이 믿음은, 오늘날 곳곳에서 일어나는 영적 활동들을 통해 나타나는 힘을 깊이 의식하는 것 속에서 그 모양을 이루어가고 있다.

28 광물 안에서는 잠을 자고, 식물 안에서는 숨을 쉬고, 동물 안에서는 움직이고, 그리고 인간 안에서 가장 깨어난 상태에 이르는 영혼은 우주의 마음이다. 우리는 우리한테 그것을 부릴 권한이 주어졌음을 이해하고 실제로 그 권한을 사용함으로써 존재와 행위, 이론과 실제 사이의 틈을 매워야 한다.

29 지금까지 이루어진 가장 위대한 발견은 생각의 힘이다. 이 발견의 중요성이 대중에게 인식되기까지는 꽤 더딘 과정을 거쳐왔지만, 이제 그 단계에 이르렀을 뿐 아니라 이 위대한 발견의 중요성이 이미 모든 연구 분야에서 조사되고 있다.

30 어떤 사람은 생각의 창조력이 어디 있느냐고 물을지도 모른다. 그것은 아이디어를 창조하는 데 있다. 아이디어는 다시 물질과 힘을 사용하고, 발명하고, 관찰하고, 분별하고, 발견하고, 분석하고, 지배하고, 다스리고, 합하고, 적용함으로써 스스

로 물질화된다. 이렇게 할 수 있는 이유는 생각이 지능을 가진 창조력이기 때문이다.

31 생각은 그 고유의 신비로운 심연에 빠질 때 최고의 활동을 하게 된다. 자아^{self}라는 좁은 영역을 벗어나서 진리를 거쳐 영원한 빛의 영역에 들어갈 때, 존재하고, 존재했고, 앞으로도 존재할 모든 것이 하나의 거대한 조화 속에 녹아드는 곳에 들어갈 때 말이다.

32 이러한 자기 묵상의 과정에서 얻는 영감이 창조적인 지성이다. 이것은 다른 모든 힘이나 법칙, 요소보다 분명히 뛰어나다. 영감이 있으면 이런 모든 것들을 자신의 목적과 목표를 위해 이해하고 바꾸고 지배하고 적용할 수 있으며, 따라서 그것들을 가질 수 있다.

33 지혜는 이성이 깨어날 때 시작된다. 이성이란 단지 사물의 참 의미를 알게 해주는 지식과 원칙을 이해하는 것일 뿐이다. 그러므로 지혜는 개화된 이성이고, 이는 겸손으로 이어진다. 겸손은 지혜의 큰 부분이기 때문이다.

34 우리 모두는 불가능해 보이는 일을 성취한 사람, 인생의 꿈을 이룬 사람, 자신과 그밖에 모든 것을 변화시킨 사람들을

많이 알고 있다. 우리는 누구나 가장 필요로 하는 순간이면 꼭 나타나는 것처럼 보이는 어떤 불가항력적인 힘의 등장에 놀란 적이 있다. 하지만 이제 모두 분명해졌다. 어떤 분명한 근본 원리를 이해하고 그것을 제대로 적용하기만 하면 그렇게 되는 것이다.

35 이번에 할 훈련은, "무엇이든지 기도하고 구하는 것은 받은 줄로 믿으라. 그리하면 너희에게 그대로 되리라"라는 성경의 인용구에 집중하는 것이다. 한계란 없음을 명심하라. '무엇이든지'라는 말이 분명히 암시하는 바는, 우리에게 주어진 한계는 단지 생각하는 능력, 어떤 경우에도 당황하지 않는 능력, 위기에 대처하는 능력, 믿음은 그림자가 아니라 실상임을 기억하는 능력일 뿐이라는 점이다. "믿음은 바라는 것들의 실상이요 보지 못하는 것들의 증거니라."

질문과 대답

귀납 추론이란 무엇인가?
외부 의식의 작용으로서, 여러 가지 대상을 비교하여 그 안에서 공통으로 발생되는 요소를 찾아내는 과정이다.

이러한 연구 방법으로 이룬 업적은 무엇인가?
인류 발전에 획을 그은 법칙의 영역을 발견해 내게 되었다.

행동을 인도하고 결정하는 것은 무엇인가?
넓은 의미에서 행동을 일으키고 인도하고 결정하는 것은 필요와 욕구와 바람이다.

모든 인간의 문제에 대해 틀림없는 해답을 주는 공식은 무엇인가?
우리의 소망이 이미 이루어졌다고 믿어야 한다. 그러면 이루어질 것이다.

이것을 말한 위대한 스승들은 누구인가?
예수, 플라톤, 스베덴보리.

귀납 추리와 의식

이러한 생각의 과정이 적용된 결과는 무엇인가?
우리가 절대적인 차원에서 생각하고, 그럼으로써 씨앗을 심고 있다는 점이다. 방해하지 않으면 이 씨앗은 싹이 터서 열매를 맺게 될 것이다.

이것이 과학적으로 옳은 이유는 무엇인가?
그것이 자연의 법칙이기 때문에.

믿음이란 무엇인가?
"믿음은 바라는 것들의 실상이요 보지 못하는 것들의 증거"이다.

끌어당김의 법칙은 무엇인가?
믿음을 현실로 나타나게 하는 법칙.

이 법칙을 이해하는 것이 얼마나 중요한 일이라고 생각하는가?
그것은 인간의 삶에서 불확실하고 변덕스러운 요소를 없애고 그 대신 법칙과 이성과 확실함을 주었다.

ം

죽음이란 단지 물질적인 형태를 지닌 모든 것들이
새롭고 다양하게 다시 태어나기 위해 가혹한 시련 속으로
끌려 들어가는 자연스러운 과정에 지나지 않는다.

열두 번째 7일

집중의 힘

1 생각의 창조력을 과학적으로 이해한다면 인생에서 이룰 수 없는 목표란 존재하지 않게 된다.

2 생각하는 힘은 모든 사람에게 있다. 사람은 생각하기에 존재한다. 생각하는 힘은 무한하고, 따라서 그 창조력도 무한하다.

3 우리는 생각이, 우리가 생각하는 바를 만들어내고 실제로 가까이 가져다준다는 점을 알면서도 두려움과 걱정과 실망을 없애버리지 못한다. 이것들 또한 강력한 생각들이다. 우리는 이런 생각들을 함으로써 우리가 바라는 것을 계속해서 더 멀리 내쫓는 셈이니, 한 걸음 다가가면 두 걸음 물러서는 꼴이 될 때가 많다.

4 뒤로 물러서지 않는 유일한 방법은 계속 앞으로 나아가는 것이다. 쉬지 않고 경계하는 일은 성공을 위해 치러야 할 값이다. 여기에는 세 단계가 있고, 각각의 단계는 절대적으로 필요하다. 우선 자신에게 힘이 있음을 알아야 하고, 둘째로는 부딪치려는 용기가 있어야 하며, 셋째로는 실제로 행할 정도의 믿음이 있어야 한다.

5 당신은 이것을 토대로 이상적인 사업, 이상적인 가정, 이상적인 친구, 이상적인 환경을 건설할 수 있다. 당신은 물질이나

비용 때문에 제한을 받지 않는다. 생각은 전능하고, 필요한 것은 모조리 그 무한한 은행에서 가져올 힘을 갖고 있다. 그러므로 당신에게는 무한한 공급원이 있다.

6 하지만 이상은 반드시 분명하고 명쾌하고 확실해야 한다. 오늘 어떤 이상을 갖고, 내일은 다른 이상을, 모레는 또 다른 이상을 갖는다면 힘은 분산되고 아무것도 이룰 수 없다. 결과는 낭비된 재료들이 뒤죽박죽 무의미하게 더해진 것뿐이다.

7 아쉽게도 이것이 대다수 사람들이 얻는 결과이다. 그 원인은 자명하다. 어떤 조각가가 대리석 덩어리 하나와 조각칼 하나를 가지고 15분마다 상(像)을 바꿔가며 조각을 해나간다면, 그 결과는 어떻게 되겠는가? 그렇다면 당신은 왜 그 하나뿐인 진정한 원료, 어떤 모양으로든 바꿀 수 있는 그 가장 훌륭한 원료를 빚을 때 위와 다른 결과를 기대하는 것인가?

8 우유부단함과 부정적인 생각의 결과는 대개 물질적인 부의 상실로 나타난다. 몇 년 동안의 노력과 분투로 얻은 예정된 (경제적) 자립이 갑자기 사라진다. 그때서야 돈과 재산이 자립을 뜻하는 것이 아님을 깨닫는 경우도 많다. 오히려 유일한 자립은 생각의 창조력을 실제로 활용하는 지식에 있다.

9 이 실제의 작업 방식은, "당신이 가질 수 있는 유일하고 진정한 힘은 신성한 불변의 원리들을 따라가는 능력"임을 배우기 전에는 얻을 수 없다. 우리는 무한한 존재를 바꿀 수는 없지만, 자연의 법칙을 이해할 수는 있다. 자연의 법칙을 이해하면, 무소부재한 우주의 생각에 우리 생각을 맞출 수 있음을 깨닫게 된다. 전능한 힘과 협력하는 능력이야말로 성공의 정도를 나타내는 지표이다.

10 생각의 힘과 비슷해 보이는 가짜가 매우 많은데, 이것들은 얼핏 매력적이기도 하지만 그 결과는 도움보다는 해가 된다.

11 물론 걱정, 두려움, 부정적인 생각은 그에 합당한 곡식을 수확하는 법이다. 이런 생각을 품는 사람은 자신이 뿌린 것을 정확하게 거두게 마련이다.

12 물질을 만들어낸다는 심령주의 집회들을 찾아다니며 그런 데서 보여주는 이른바 증거들을 수집하는 '기현상 추구파'도 있다. 그들은 마음의 문을 열어서 정신 세계에서 가장 해로운 흐름을 받아들인다. 그들은 이런 능력이 자신들을 부정적이고 수용적이며 수동적이 되게 해서 자신들의 생명력을 모두 소진시킨다는 것, 그렇게 해서 이러한 현상이 일어나게 한다는 것을 깨닫지 못한다.

13 이른바 대가, 힘의 근원이라 불리는 사람들이 행하는 '물질화 현상'을 보고 그들을 따르는 힌두 숭배자들도 있다. 하지만 이들은 '의지'가 사라지는 순간 그 형상도 시들고 그것을 만들어낸 힘도 사라진다는 것을 깨닫지 못하거나 잊어버린다.

14 텔레파시, 즉 생각의 전이는 놀랄 만큼 많은 사람들의 이목을 끌었다. 하지만 생각을 받는 사람이 부정적인[1] 마음 상태에 들어가야 하므로 이 훈련은 해롭다. 어떤 장면이나 소리를 생각에 담아 보낼 수도 있겠지만, 원칙을 뒤바꾼 대가를 치르게 된다.

15 대개의 경우 최면술은 시술자와 대상자 모두에게 위험하다. 마음의 세계를 지배하는 법칙을 잘 아는 사람이라면 누구도 다른 사람의 의지를 지배하려고 하지 않을 것이다. 그렇게 하면 점차 (하지만 분명히) 자신의 힘을 빼앗기게 될 것이기 때문이다.

16 이런 모든 잘못된 방식들은 일시적 만족을 주며 어떤 이들에게는 썩 매력적으로 비치겠지만, 내부에 있는 힘의 세계를 진정으로 이해한다면 그것과는 비교할 수 없을 정도의 큰 매력

---

[1] 음성적이라는 뜻.—옮긴이

을 여기에서 느끼게 된다. 그 힘은 사용할 때마다 커지고, 일시적인 것이 아니라 영원하며, 지난날의 과오나 그릇된 생각의 결과에 대한 처방을 내려주는 치료제 역할도 하고, 모든 위험에서 보호해 주는 예방약도 되며, 나아가 새로운 환경과 조건을 만들 수 있는 실질적인 창조력이 된다.

17 법칙에 따르면, 생각은 그 대상과 연결되고, 따라서 마음의 차원에서 생각한 것은 외부 세계에서 그대로 만들어진다. 그러므로 모든 생각에 진리의 싹이 잠재되어 있음을 이해해야만 성장의 법칙이 우리에게 선^{good}을 가져다주리라는 것을 알 수 있다. 오직 선만이 영원한 힘을 줄 수 있기 때문이다.

18 생각을 그 대상과 연결해 주고 그럼으로써 모든 고난을 이겨낼 동적인 힘을 주는 원칙이 끌어당김의 법칙이다. 끌어당김은 다른 말로 사랑이라고도 한다. 이것은 영원하고 근본적인 원리로서 만물에 깃들여 있으며 모든 철학과 종교와 과학에 포함되어 있다. 사랑의 법칙에서 벗어날 수는 없다. 사랑은 생각에 생명력을 주는 느낌이다. 느낌은 소망이고, 소망은 사랑이다. 사랑이 깃들인 생각을 이길 수 있는 것은 없다.

19 생각의 힘을 이해한 곳에서는 어디에서건 이 진리를 강조한다. 우주의 마음은 지능을 지닌 존재일 뿐 아니라 원료이기

도 하다. 이 원료는 끌어당김의 법칙(인력의 법칙)에 의해 전자들을 끌어당겨 원자를 형성한다. 원자는 다시 같은 법칙에 의해 끌어당겨져 분자를 이루고, 분자는 외적인 형상을 띠게 된다. 그러므로 우리는 사랑의 법칙이 원자뿐 아니라 세계와 우주, 그리고 상상 가능한 모든 것을 현실화하는 창조력임을 알게 된다.

20 이와 같이 놀라운 끌어당김의 법칙이 작용하는 까닭에, 인류는 시대를 불문하고 자신의 청원이나 욕구에 반응하고 또 그에 따라 일을 계획하는 인간적인 실재[2]가 존재함에 틀림없다고 믿어왔다.

21 '생각'과 '사랑'이 더해져서 거부할 수 없는 힘, 곧 끌어당김의 법칙이 형성된다. 모든 자연의 법칙은 불가항력이다. 중력의 법칙, 전기의 법칙, 또는 다른 모든 법칙은 수학처럼 정확하게 작용한다. 변동은 없다. 불완전한 것은 통로나 전달 매체뿐이다. 다리가 무너져도, 우리는 중력의 법칙이 변했기 때문이라고 생각하지는 않는다. 불이 들어오지 않아도 전기의 법칙을 믿을 수 없다고 생각하지는 않는다. 그러므로 미숙하거나 잘 알지 못하는 사람이 법칙을 적용하여 이 끌어당김의 법칙이

---

[2] 인격화된 신을 말함.—옮긴이

불완전하게 작용하는 것처럼 보이더라도, 모든 창조계를 지탱하는 확실한 법칙이 작용을 멈췄다고 생각해서는 안 된다. 그보다는 법칙을 더욱 잘 이해해야 한다고 생각해야 한다. 어려운 수학 문제인 경우 해답이 쉽사리 나오지 않는 것과 같은 이치이다.

22 무엇이든 먼저 마음이나 영혼의 차원에서 만들어지고 나서 외부 세계에서 행동이나 사건으로 나타난다. 오늘 생각의 힘을 다스리는 단순한 일이, 미래에 다가올 사건을 만들어내는 데 도움이 된다. 어쩌면 그것이 내일일지도 모른다. 자신이 바라는 것을 잘 키워 나가는 것이야말로 끌어당김의 법칙을 움직이게 하는 가장 강력한 방법이다.

23 먼저 생각할 힘을 얻기 위한 도구를 만들어내야 한다. 마음이 완전히 새로운 생각을 이해하려면 먼저 그와 연관된 뇌세포가 그것을 받아들일 준비가 되어야 한다. 이런 까닭에 완전히 새로운 생각을 받아들이거나 이해하기가 그토록 어려운 것이다. 그것을 받아들일 뇌세포가 없으니 의심하고 믿지 않게 된다.

24 그러므로 당신이 끌어당김의 법칙의 전능함에 익숙하지 않다면, 그리고 그것을 적용하는 과학적인 방법을 모른다면,

또는 그 자원을 사용할 수 있는 사람들이 그 법칙 덕택에 무한한 가능성을 얻게 된다는 점이 낯설게 느껴진다면, 지금 바로 무한한 힘을 이해하는 데 필요한 뇌세포를 만들기 시작하라. 자연의 법칙과 협력하면 그 힘이 당신 것이 된다. 이는 집중 혹은 주의를 기울이는 것을 통해 이루어진다.

25 의도가 주의력을 지배한다. 힘은 평온함에서 나온다. 집중을 통해서 깊은 생각과 지혜로운 말과 모든 강력한 힘을 얻을 수 있다.

26 모든 힘이 나타나는 잠재 의식의 전능한 힘을 접하게 되는 것은 바로 고요할 때이다.

27 지혜, 힘, 지속적인 성공을 바라는 사람은 오직 내부에서만 그것을 찾을 수 있다. 그것은 일종의 '외부로의 드러남'이다. 생각 없는 사람들은 고요함에 이르는 것이 아주 쉽고 간단하다고 여길지 모른다. 그러나 오직 절대적인 고요함 속에서만 신성과 만나고 불변의 법칙을 배우며, 꾸준한 훈련과 집중 없이는 완벽에 이르는 통로를 열 수 없다는 점을 기억해야 한다.

28 이번에도 같은 방으로 가서 같은 의자에 같은 자세로 앉는다. 몸과 마음의 긴장을 풀고 이완하는 것을 잊지 마라. 항상

그렇게 하라. 결코 압박을 받으면서 마음의 일을 하지 마라. 긴장하고 있는 근육이나 신경이 없는지 살피고, 완전히 편안한지 살펴라. 이제 전능함과 하나임을 느껴라. 그 힘과 만나라. 생각하는 능력이 곧 우주의 마음에 작용하여 현실화하는 능력임을 근본적으로 이해하고 깨닫고 알아라. 그렇게 하면 어떤 요구라도 이룰 수 있음을 깨달아라. 누군가가 했거나 또 앞으로 할 일이라면 당신에게도 그 일을 할 잠재력이 똑같이 있음을 알아라. 개인은 우주의 마음이 여럿으로 표현된 것에 불과하기 때문이다. 모두가 전체의 부분이다. 근본은 같고, 단지 그 크기만 다르다.

질문과 대답

어떻게 삶의 모든 목적을 가장 잘 이룰 수 있는가?
생각의 영적인 본질을 과학적으로 이해함으로써.

절대적으로 필요한 세 가지 단계는 무엇인가?
힘을 인식하고, 부딪치려는 용기를 지니며, 실제로 행할 정도의 믿음을 갖는 것.

실제적인 적용 방법을 어떻게 알 수 있는가?
자연의 법칙을 이해함으로써.

이 법칙을 이해하면 어떤 보상을 받는가?
신성한 불변의 원칙에 따라갈 능력을 의식적으로 깨닫게 된다.

성공의 정도를 나타내는 지표는 무엇인가?
우리가 무한한 존재를 바꿀 수는 없지만 그와 협력할 수는 있다는 사실을 깨닫는 정도에 따라 성공의 크기도 달라진다.

생각에 동적인 힘을 부여하는 원칙은 무엇인가?

진동에 의존하는 끌어당김의 법칙. 이것은 다시 사랑의 법칙에 의존한다. 사랑이 더해진 생각은 결코 지지 않는다.

이 법칙이 불가항력인 이유는?
그것이 자연의 법칙이기 때문이다. 모든 자연의 법칙은 불가항력이고 불변하며 수학처럼 정확하게 이루어진다. 예외는 없다.

그렇다면 인생의 문제를 해결하기가 어렵다고 느끼는 까닭은?
어려운 수학 문제의 답을 구하기가 어려운 것과 같은 이치이다. 법칙을 적용하는 사람이 미숙하거나 지식이 부족하기 때문이다.

마음이 완전히 새로운 생각을 받아들이지 못하는 이유는?
그 생각을 받아들일 수 있는 뇌세포가 없기 때문이다.

지혜는 어떻게 얻을 수 있나?
집중함으로써. 그것은 '외부로의 드러남'이다. 지혜는 내부에서 나온다.

※

생각은 외부에 드러날 수 없는 것은 상상할 수도 없다.
누군가 처음 생각을 내뱉기만 해도 행할 사람이 나타난다.

| **윌슨**Wilson |

열세 번째 7일

꿈꾸는 자의 꿈

1 자주 일어나지 않아 예외가 되는 것들을 일반화함으로써 일상의 사실들을 설명하려고 한 것이 과학이 지금까지 보여온 성향 혹은 의무였다. 가령, 화산 폭발로 지구 내부에서 활동하던 열이 방출되는데, 지구가 현재의 구성을 갖추게 된 것은 바로 그 열 때문이라는 식이다.

2 또 번개는 무생물계에서 끊임없이 변화를 일으키는 미묘한 힘을 보여준다. 지금은 거의 사용되지 않는 과거의 언어가 예전에는 여러 나라에서 지배적인 언어였듯이, 시베리아에서 발견된 거대한 이빨이나 깊은 땅속에서 나온 생물의 화석은 과거의 진화 기록을 보여줄 뿐 아니라 오늘날의 언덕과 계곡의 기원도 설명해 준다.

3 이렇게 진귀하고 특이하며 예외적인 사실들의 일반화는 귀납적 과학이 이룩한 온갖 발견의 자침磁針 역할을 해왔다.

4 이 방법은 이성과 경험을 기초로 한 것으로서 미신과 인습과 선례를 타파했다.

5 베이컨이 귀납법을 제안한 뒤로 200년이 넘는 시간이 지났다. 그의 귀납법은 문명국들로 하여금 번영을 누리도록 하는데, 또 더 귀한 지식들을 얻도록 하는 데 기여한 바가 크다. 좁

은 선입견과 특정 이론에서 벗어나도록 하는 데 어떤 예리한 풍자보다도 효과적이었다. 대중의 무지를 드러내 보이는 식이 아니라 놀라운 실험들을 이용해 보임으로써 사람들의 이목도 훨씬 잘 끌어낼 수 있었다. 또 마음의 고유한 법칙들을 계몽하기보다는 가까운 장래에 쓸모 있는 발견들이 어떻게 활용될지 그 전망을 보여줌으로써 인간의 창의적인 능력을 훨씬 더 강력하게 배양할 수 있었다.

6 베이컨의 귀납법은 그리스의 위대한 철학자들이 품은 정신과 목표를 꿰뚫어보고, 그것들을 새로운 관찰 방법을 가지고 구현해 낸 것이다. 그 덕분에 천문학과 발생학, 지리학에 놀라운 지식의 장이 조금씩 열리게 되었다. 아리스토텔레스의 논리학도 결코 밝혀내지 못한 파동의 체계도 밝혀냈고, 학자들의 변증법으로도 분리하지 못한 미지의 물질 원소까지도 분석할 수 있게 되었다.

7 귀납법에 힘입어 수명이 늘고, 고통이 줄어들고, 질병이 사라지고, 땅이 비옥해지고, 선원들은 새로운 보호 장비를 갖추게 되고, 조상들이 생각도 못했던 모습의 다리로 넓은 강이 연결되고, 번개가 하늘에서 땅으로 스며들게 되고, 밤이 낮처럼 환하게 빛나게 되고, 멀리까지 볼 수 있게 되고, 근육의 힘이 몇 배로 강해지고, 빨리 움직일 수 있게 되고, 거리가 단축되

고, 왕래와 통신은 물론 사적인 편지나 사업상의 급한 전갈을 전하기도 쉬워지고, 바다 속 깊은 곳에까지 들어갈 수 있게 되고, 하늘로 날아오르는 것, 지구 깊은 곳까지 안전하게 들어가는 것도 가능하게 되었다.

8 이것이 귀납법의 참된 특징이요 영역이다. 하지만 귀납적 과학에서 이룬 성공이 크면 클수록, 우리는 일반 법칙을 발표하기에 앞서, 사용할 수 있는 모든 도구와 자원을 활용하여 각각의 사실을 조심스럽고, 참을성 있고, 정확하게 관찰해야 한다는 필요를 느낀다.

9 우리는 다양한 상황에서 전기 기계로부터 방출되는 스파크를 확인하기 위해서 프랭클린[1]이 번개의 특성을 알아내고자 구름에 연을 날렸던 것을 참고할 수 있고, 갈릴레오가 어떻게 물체의 낙하 방식을 정확히 알아냈는지 확인하기 위해서 뉴턴이 만유인력에 관심을 가졌던 것을 참고할 수 있다.

10 요약하자면, 진리에 가치를 두고, 꾸준하고 보편적인 발전

---

[1] Benjamin Franklin[1706-1790]. 자연과학에도 관심을 가져 지진의 원인을 연구해서 발표하는가 하면, 고성능의 '프랭클린 난로'라든가 피뢰침을 발명하기도 하였다. 1752년 연을 이용한 실험을 통하여 번개와 전기의 방전이 동일한 것이라는 가설을 증명하고, 전기유기체설electric fluid theory을 제창하였다.―옮긴이

을 꿈꾸며, 전제 군주처럼 자기한테 달갑지 않은 사실이라 하여 무시하거나 없애버리지 말고, 흔한 현상은 물론 희귀한 현상에도 충분히 관심을 기울이는 등 광범위하고 변치 않는 기반 위에 과학의 상층 구조를 세워야 한다.

11 계속해서 자료들을 관찰하고 수집해 나아간다 하더라도 그렇게 축적된 사실들이 다 똑같이 자연을 설명해 주지는 않는다. 우리가 인간의 자질들 가운데서도 흔히 보기 어려운 자질을 가장 높이 평가하듯이, 자연 철학에서도 평범하고 일반적인 관찰로는 설명이 불가능한, 놀라운 것들에 더 각별한 중요성을 부여한다.

12 그렇다면 어떤 사람들에게 비범한 능력이 있는 것처럼 보일 때, 우리는 그에 관해 어떻게 결론을 내려야 할까? 첫째, 그것이 사실이 아니라고 말할 수 있다. 그러나 이것은 우리가 알지 못한다는 사실을 인정하는 격밖에 안 된다. 정직한 관찰자라면 누구라도 설명할 수 없는 기이한 현상이 끊임없이 일어났다는 사실을 인정하기 때문이다. 하지만 생각의 창조력에 익숙해진 사람은 더 이상 그것이 설명할 수 없는 일이라고 생각하지 않을 것이다.

13 둘째, 그것이 초자연적인 힘의 간섭 때문이라고 말할 수도

있다. 그러나 자연 법칙을 과학적으로 이해하면 초자연적인 것이란 없음을 확신하게 된다. 모든 현상은 분명하고 정확한 원인의 결과이며, 원인은 변하지 않는 법칙 또는 원칙이다. 이 법칙은 의식적이든 무의식적이든 변함 없이 정확하게 작용한다.

14 셋째, 그것이 '금지된 영역'에 있어서 우리가 알아서는 안되는 부분이라고 말할 수도 있다. 이러한 반대 논리들은 인류의 모든 지식 발전을 가로막는 데 사용되어 왔다. 새로운 생각을 제창했던 사람은 콜럼버스 같은 사람이든 다윈이나 갈릴레오나 풀턴[2]이나 에머슨 같은 사람이든 하나같이 조롱이나 박해를 받았다. 그러므로 이러한 의견은 심각하게 검토할 필요가 없다. 그러나 이와 반대로 우리에게 드러난 모든 사실은 세심하게 고려해야 한다. 이렇게 하면 그것이 일어난 기반인 법칙을 더욱 쉽게 확인하게 될 것이다.

15 생각의 창조력이 몸과 마음과 영혼의 모든 경험이나 조건의 원인이라는 점이 밝혀질 것이다.

16 생각은 주된 마음가짐에 어울리는 조건을 만들어낼 것이다. 그러므로 우리가 재앙을 두려워하면, 두려움이 강력한 생

---

[2] Robert Fulton 1765~1815. 세계 최초로 증기선을 만들었다고 알려진 인물.—옮긴이

각인 까닭에, 그 생각의 분명한 결과로 재앙이 나타날 것이다. 바로 이런 생각이 수년 동안의 노력과 수고의 결과를 종종 앗아간다.

17 우리가 물질적인 부를 생각하면 그것을 얻을 수도 있다. 생각을 집중하면 원하는 조건이 나타나고 적절한 노력이 투여될 것이며, 따라서 소망을 실현하는 데 필요한 환경이 만들어질 것이다. 하지만 우리는 원한다고 생각했던 것을 얻었을 때 흔히 기대한 결과와는 다르다는 사실을 알게 된다. 다시 말해서 만족감이 금세 사라지기도 하고, 바라는 것과 정반대 결과가 따르는 경우도 있다.

18 그렇다면 올바른 진행 방법은 무엇일까? 우리가 정말로 바라는 것을 얻으려면 무엇을 생각해야 할까? 당신과 내가 바라고, 우리 모두가 바라고 찾는 것은 '행복'과 '조화'이다. 진실로 행복하다면 세상에서 얻을 수 있는 전부를 가진 셈이다. 자신이 행복하면 타인도 행복하게 해줄 수 있다.

19 하지만 건강과 힘과 참된 친구, 쾌적한 환경, 그리고 필요를 충족시켜 주는 정도가 아니라 풍족하고 편안하게 해주는 정도의 것들이 갖춰지지 않으면 우리는 행복할 수가 없다.

²⁰ 낡고 보수적인 사고 방식에서는 우리가 '벌레'처럼 무엇이건 주어진 것에 만족한다는 식이었다. 하지만 현대의 사고 방식은 모든 것 중 최고의 것을 누릴 자격이 우리에게 있고, "나와 내 아버지는 하나"이며, '아버지'가 우주의 마음, 조물주, 근본 원료로서 모든 것을 만들어내는 존재임을 알아야 한다는 것이다.

²¹ 이것이 이론적으로 모두 옳고, 2천 년 동안 우리에게 전해 내려온 가르침이었으며, 모든 철학과 종교의 핵심이라는 점을 인정한다면, 이제 어떻게 해야 이것이 우리 삶에서 실제로 나타나게 할 수 있을까? 어떻게 하면 지금 이곳에서 실질적인 유형의 결과를 얻을 수 있을까?

²² 무엇보다도 먼저 지식을 실천으로 옮겨야 한다. 그러지 않고서는 어떤 것도 이룰 수 없다. 운동 선수가 평생 동안 신체 단련에 관한 책을 읽고 강의를 듣긴 했지만 실제로 몸을 움직여 훈련을 하지 않았다면 아무런 힘도 얻을 수 없다. 결국은 자신이 주는 그대로를 받게 될 것이다. 하지만 먼저 주어야 한다. 우리의 경우도 똑같다. 우리는 우리가 준 그대로를 받을 테지만, 먼저 주어야 한다. 그러면 그것은 몇 배가 되어서 되돌아올 것이다. 주는 과정은 마음속에서 이루어진다. 생각이 원인이고 조건이 결과이기 때문이다. 그러므로 용기와 영감과 건강과 도

움에 관한 생각을 줄 때, 우리는 그 결과가 나타나게 할 원인을 움직이고 있는 셈이다.

23 생각은 영적인 활동이고 따라서 창조력이 있지만, 잊지 말아야 할 것은 생각을 의식적이고 체계적이고 건설적으로 지휘하지 않으면 아무것도 만들어낼 수 없다는 점이다. 단지 노력의 낭비로 끝나고 말 나태한 생각과, 거의 무한한 성취를 의미하는 건설적인 생각이 다른 점이 바로 여기에 있다.

24 우리는 자신에게 오는 모든 것이 끌어당김의 법칙에 의한다는 것을 배웠다. 불행한 의식에는 행복한 생각이 존재할 수 없다. 그러므로 의식을 바꾸지 않으면 안 된다. 의식이 바뀌면 조건들이 변화한 의식에 어울리는 쪽으로 점차 변하기 시작한다. 새로운 상황에 맞추어지기 위해서.

25 마음의 그림이나 이상을 만들 때, 우리는 모든 것이 창조되는 우주의 마음에 생각을 각인하고 있는 것이다. 우주의 마음은 전지전능하고 무소부재하다. 전지의 존재에게, 우리가 원하는 것을 물질로 만들어낼 적절한 통로가 무엇인지 말해 주어야 할까? 유한한 존재가 무한한 존재에게 조언할 수 있을까? 이것이 실패의 원인이다. 모든 실패의 원인. 우리는 우주의 마음이 어디에나 있음은 알지만, 그것이 어디에나 존재할 뿐 아

니라 전지전능하고 따라서 우리가 전혀 알지 못하는 원인들까지 움직이게 한다는 사실은 깨닫지 못한다.

26 우리는 우주의 마음에 있는 무한한 힘과 무한한 지혜를 인정함으로써 최대한의 혜택을 얻을 수 있고, 이렇게 해서 우리는 무한한 존재가 우리 소망을 실현하기 위해 사용하는 통로가 될 수 있다. 이 말은 인정하면 실현된다는 뜻이다. 그래서 이번에는 이러한 원리를 사용하는 연습을 하라. 당신이 전체의 일부임을 인정하고, 부분은 전체와 본질이 같음을 인정하고, 부분과 전체의 차이점은 크기뿐임을 인정하라.

27 이 굉장한 사실이 당신의 의식에 스며들 때, 당신(몸이 아닌 자아), '나', 곧 생각하는 영혼이 거대한 전체의 없어서는 안 될 부분임을 깨달을 때, 영혼과 조물주가 서로 실체와 본질과 바탕이 같음을 깨달을 때, 조물주가 자신과 다른 존재를 만들 수 없음을 깨달을 때, 당신은 "나와 내 아버지는 하나이다"라고 말할 수 있게 되고, 아름다움, 웅대함, 초월적인 기회들을 당신의 뜻대로 사용할 수 있음을 이해하게 될 것이다.

질문과
대답

자연 철학자들이 지식을 얻고 적용하는 방법은 무엇인가?
사용할 수 있는 모든 도구와 자원을 이용해서 각각의 사실을 세심하고 인내심 있고 정확하게 관찰한 뒤 일반 법칙을 정리한다.

어떻게 이 방법이 옳다는 것을 확신할 수 있는가?
반갑지 않은 사실을 무시하거나 없애버리는 전제 군주식 선입견을 버림으로써.

어떤 사실이 가장 높은 평가를 받는가?
일상적인 관찰로는 설명할 수 없는 것들.

이런 원칙은 무엇을 기초로 하는가?
이성과 경험.

이것은 무엇을 타파하는가?
미신과 선례와 인습.

이러한 법칙은 어떻게 발견했는가?

흔하지 않고 기이하고 낯설며 예외가 되는 사실들을 일반화해서.

끊임없이 일어나는, 기이하여 설명하기 어려운 현상들을 어떻게 설명할 수 있는가?
생각의 창조력으로.

그 이유는 무엇인가?
어떠한 사실을 알게 될 때, 그것이 분명한 원인의 결과이고, 그 원인이 항상 정확하게 작용할 것임을 확신할 수 있기 때문이다.

이런 사실을 알게 될 때 어떤 결과가 일어나는가?
몸과 마음과 영혼의 모든 조건들을 낳은 원인을 알게 될 것이다.

우리가 가장 큰 혜택을 얻는 방법은 무엇인가?
생각의 창조력을 알면 무한한 힘과 연결된다는 사실을 인식함으로써.

※

가장 관심 있는 것을 찾아내는 지혜를 주시고,
지혜가 명하는 대로 행할 결단력을 더욱 강하게 해주소서.

| 프랭클린 |

열네 번째 7일

생각의 창조력

1 모든 움직임, 빛, 열, 색의 기원인 우주의 에너지는 그로부터 비롯된 많은 결과물처럼 한계를 갖지는 않는다. 그것은 그런 결과 모두를 초월한다. 이 우주의 마음은 모든 힘과 지혜와 지능의 근원이다.

2 우주의 마음을 인식하면 그 '학습 능력'을 알게 되고, 그것을 이용해 우주의 마음을 움직임으로써 당신의 삶을 조화롭게 할 수 있다.

3 이것은 아무리 박식한 과학 선생이라도 시도해 보지 않은 방법이다. 아직 시도해 본 적이 없는 발견 분야인 것이다. 사실상 이를 조금이라도 이해한 곳이 물질주의적인 학교들 가운데는 거의 없다. 그들은 지혜가 힘이나 물질과 마찬가지로 어디에나 존재한다는 생각을 하지 못한다.

4 어떤 사람들은 "이 원리들이 참이라면, 왜 우리가 그것을 입증하지 못하는가?"라고 말할 것이다. 근본적인 원리가 분명히 옳은데 왜 적절한 결과를 얻지 못하는가 하고 말이다. 결과는 나타난다. 우리는 법칙을 이해하는 정도와 적절하게 응용하는 능력에 따라서 결과를 얻는다. 누군가 전기의 법칙을 공식화하고 어떻게 응용하는지 보여주기 전에는, 우리는 전기의 법칙에서 아무 결과도 얻지 못했다.

5 그리하여 우리는 환경과 완전히 새로운 관계를 갖게 되는 바, 전에는 꿈도 꾸지 못했던 가능성들의 문을 열게 된다. 그리고 이것은 새로운 마음가짐에 자연스럽게 수반되는 일련의 법칙에 따라 이루어진다.

6 마음에는 창조력이 있고, 이 법칙의 기초가 되는 원리는 바르고 타당하며 만물의 본질을 이룬다. 하지만 창조의 힘은 개인이 아니라 우주의 마음에서 비롯된다. 우주의 마음은 모든 에너지와 원료의 근원이요 원천이며, 개인은 단지 그 에너지가 개체화되는 통로일 뿐이다. 개인은 우주가 다양한 조합을 만들어내서 현상을 일으키는 데 사용되는 수단이다.

7 알다시피 과학자들은 물질을 엄청나게 많은 수의 분자로 분해했다. 분자는 원자로 분해되고, 원자는 전자로 분해된다. 고高 진공 유리관에 퓨즈를 붙인 단단한 금속 단자를 넣어서 행한 실험에서 전자가 발견되었는데, 이는 전자가 모든 공간에 가득 차 있음을 암시한다. 곧 전자가 모든 곳에 존재하고 어디에나 존재한다는 말이다. 전자는 모든 물질에 들어 있으며 우리가 비었다고 말하는 공간을 채우고 있다. 이것이 모든 것이 생성되는 우주의 원료이다.

8 전자에 방향성이 주어져 원자와 분자로 합해지기 전에는 영

원히 전자 상태로 머무르는데, 그 방향성을 주는 것이 마음이다. 수많은 전자가 하나의 힘을 중심으로 회전할 때 원자가 형성된다. 원자가 절대적이고 규칙적으로 수학적인 비례에 따라 모여서 분자를 형성하고, 이것이 서로 더해져서 수많은 화합물이 되며, 나아가 우주를 만들어낸다.

9 알려진 가장 가벼운 원자는 수소로, 이것은 전자보다 1,700배 무겁다. 수은의 원자는 전자에 비해서 30만 배나 무겁다. 전자는 순수한 음전하이고, 열과 빛과 전기와 생각 등의 에너지와 동일한 잠재 속도(299,792,458m/s)를 갖기에 시간도 공간도 문제되지 않는다. 빛의 속도를 알아낸 방법은 자못 흥미롭다.

10 빛의 속도는 덴마크 천문학자 뢰메르^{Roemer}가 1676년에 목성 위성들의 식蝕(일식, 월식 등)을 관찰함으로써 알아내었다. 지구가 목성에 가장 가까울 때, 식은 계산보다 8분 30초 빨리 나타났고, 지구가 목성에서 가장 멀 때는 8분 30초가 늦게 나타났다. 뢰메르는 그 이유가 빛이 목성에서 지구의 궤도까지, 즉 목성과 지구 사이의 거리를 이동하는 데 17분이 걸리기 때문이라고 결론 내렸다. 이 계산은 이후에 검증되었고, 빛이 초속 30만 킬로미터로 움직인다는 것이 증명되었다.

11 전자는 몸 속에서 세포로 나타나는데, 인체에서 각각의 기

능을 수행할 정도의 마음과 지능을 갖고 있다. 모든 신체 부위는 세포로 구성되고, 세포들 가운데 일부는 독자적으로 움직이고, 일부는 군群을 형성한다. 어떤 세포는 조직을 만드느라 바쁜 반면, 어떤 세포는 신체에 필요한 다양한 분비물을 만드느라 바쁘다. 어떤 세포는 물질을 전달하는 매체이고, 어떤 세포는 손상을 고쳐주는 의사이다. 어떤 세포는 청소부로서 쓰레기를 없애준다. 또 어떤 세포는 침입자나 병균 같은 바람직하지 않은 난입자들을 물리칠 준비를 항상 하고 있다.

12 모든 세포는 공통의 목적을 갖고 움직이고, 각각은 단지 생명체일 뿐만 아니라 필요한 임무를 수행할 지능도 갖추고 있다. 또한 에너지를 보존하고 자신의 생명을 유지하는 지능도 갖추고 있다. 그러므로 세포는 충분한 영양분을 얻어야 하는데, 영양분의 선택에 있어서 나름대로의 기준이 있는 것으로 밝혀졌다.

13 각각의 세포는 태어나고 재생하며 죽어서 흡수된다. 건강과 생명의 유지는 이 세포들의 지속적인 재생에 달려 있다.

14 그러므로 신체의 모든 원자에도 마음이 있음은 명백하다. 이 마음은 음(−)의 마음이다. 사람은 생각하는 힘이 있으므로 이 힘이 '양의 마음'으로 작용해 음의 마음을 다스릴 수 있다.

이것이 형이상학적인 치유에 대한 과학적인 설명이니, 이것으로 누구나 그 놀라운 현상의 원리를 이해할 수 있을 것이다.

15 음의 마음은 신체의 모든 세포에 들어 있으며, 잠재 의식이라고 불려왔다. 의식적인 자각 없이 활동하기 때문이다. 잠재 의식은 의식의 의지에 반응한다는 점이 밝혀졌다.

16 모든 것은 마음에서 비롯되고, 겉으로 드러난 것은 생각의 결과이다. 그러므로 물질 자체에는 기원도, 항상성도, 실체도 없음을 알 수 있다. 생각에 의해 만들어지고, 따라서 생각에 의해 없어질 수 있기 때문이다.

17 자연 과학에서처럼 마음의 과학에서도 실험이 진행되고 있는데, 새로운 발견이 이루어질 때마다 인간은 더 높은 목표를 향해 한 걸음씩 나아가게 된다. 누구나 예외 없이, 살아가는 동안 품은 생각들이 반영된 존재임이 밝혀지고 있다. 이것은 얼굴과 모습과 성품과 환경에 나타난다.

18 모든 결과의 배경에는 원인이 존재하니, 그 기원까지 거슬러 올라가면 결과가 나오게 된 창조의 원리를 발견할 것이다. 그 증거가 더없이 완벽하니 만큼 이제 이 진리는 일반적으로 받아들여지고 있다.

19 외부 세계는 보이지 않는, 지금까지는 설명할 수 없었던 힘의 지배를 받는다. 우리는 지금까지 이 힘을 인격화하여 신이라고 불렀다. 하지만 이제 우리는 이것을 만물에 스며드는 본질 또는 원리로 볼 수 있게 되었다. 무한한 마음 또는 우주의 마음으로 말이다.

20 우주의 마음은 무한하고 전능하기에 무한한 자원을 원하는 대로 사용할 수 있다. 또 그것이 어디에나 존재한다는 점을 기억한다면, 우리가 우주의 마음의 표현 또는 현현임이 분명하다는 결론에 이르지 않을 수 없다.

21 잠재 의식의 자원을 이해하고 인식하면 잠재 의식과 우주의 마음이 오직 크기만 다르다는 사실을 알게 된다. 바다와 물 한 방울이 다른 것과 같은 이치이다. 본질과 바탕은 같지만 크기가 다른 것이다.

22 당신은 이 중대한 사실의 가치를 이해할 수 있고 또 이해하는가? 이 엄청난 사실을 인식하면 전능한 힘에 접하게 됨을 아는가? 잠재 의식이 우주의 마음과 우리 의식을 연결하는 고리라면, 의식이 잠재 의식에 생각을 암시할 수 있고, 잠재 의식이 그 생각을 움직이게 함이 분명하지 않은가? 또한 잠재 의식이 우주의 마음과 하나이므로 그 활동에 어떠한 한계도 없음이

분명하지 않은가?

23 이 원리를 과학적으로 이해하면 기도의 힘으로 생기는 놀라운 결과를 이해할 수 있다. 이러한 결과는 어떤 특별한 은총의 산물이 아니라 반대로 완벽한 자연 법칙의 작용이다. 그러므로 여기에는 어떤 종교적이거나 신비주의적인 면도 없다.

24 하지만 바르게 생각하는 데 필요한 훈련을 할 준비가 되지 않은 사람이 아직 많다. 그릇된 생각이 실패의 원인임이 분명한데도 말이다.

25 생각만이 유일한 실체이다. 조건은 단지 외부에 나타난 현상일 뿐이다. 생각이 변하면 모든 외적·물질적인 조건은 그것을 창조한 생각과 조화를 이루기 위해서 반드시 변해야 하기 때문이다.

26 하지만 생각은 반드시 명확하고, 꾸준하고, 확고하며, 변하지 않아야 한다. 한 걸음 앞으로 가고 두 걸음 물러서서도 안 되거니와, 20~30년 동안 부정적인 생각을 하며 부정적인 조건을 만드는 데 허비해 놓고 15~20분 동안 바른 생각을 하고서 그 결과가 녹아 없어지기를 기대해서도 안 된다.

27 삶을 근본적으로 바꾸기 위해 훈련을 하려면, 반드시 주의 깊게 생각하고 모든 것을 고려한 뒤에 의도적으로 그렇게 해야 한다. 또한 그런 뒤에 어떤 일로도 결심이 흔들려서는 안 된다.

28 이러한 훈련, 생각의 변화, 마음가짐은 당신에게 최고의 행복에 필요한 물질은 물론이고 건강과 조화로운 조건들까지도 가져다줄 것이다.

29 조화로운 조건을 바란다면, 조화로운 마음가짐을 지녀야 한다.

30 당신의 외부 세계는 내부 세계의 거울이 될 것이다.

31 이번에는 조화에 집중하라. 집중하라는 말은 그 말이 의미하는 바를 모두 생각하라는 뜻이다. 아주 깊이, 열심히 집중해서 조화 외에는 다른 어떤 것도 생각하지 마라. 기억하라. 우리는 행함으로써 배운다. 이 글을 읽기만 해서는 아무것도 이루어지지 않는다. 실제로 적용해야 가치가 생기는 법이다.

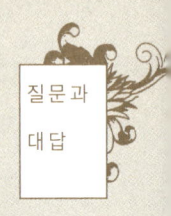

질문과
대답

모든 지혜와 힘과 지능의 근원은 무엇인가?
우주의 마음.

모든 움직임과 빛과 열과 색은 어디에서 비롯되는가?
우주의 에너지에서. 우주의 에너지는 우주의 마음이 나타난 하나의 현상이다.

생각의 창조력은 어디서 비롯되는가?
우주의 마음에서.

생각은 무엇인가?
활동하는 마음.

우주는 어떻게 여러 가지 형태를 갖게 되는가?
우주의 마음은 다양한 조합을 만들어서 여러 현상을 만들어내는데, 각 사람이 그 수단이다.

어떻게 이렇게 되는 것인가?

각각의 생각하는 힘이 우주의 마음에 작용하여 이 우주의 마음이 겉으로 나타나게 하기 때문에.

지금까지 밝혀진 바에 의하면, 우주의 마음이 처음으로 취한 형상은 무엇인가?
전자. 이것은 모든 공간에 스며 있다.

모든 것의 기원은 무엇인가?
마음.

생각이 변하면 어떻게 되는가?
조건이 변한다.

조화로운 마음가짐의 결과는 무엇인가?
조화로운 삶의 조건들.

※

생각은 중요하지 않아 보이지만 실은 이것이 바로
인생의 사건들을 만들어내는 틀이다. 이 결실 많은 세기에
모든 분야에서 인간이 활발하게 활동했지만,
온갖 사고를 형성한 생각의 기원은 과학에서 찾아야 한다.

열다섯 번째 7일

우리를 다스리는 법칙

1 우리가 사는 세계를 다스리는 법칙은 우리에게 이로움을 주기 위해 만들어진 것이다. 이 법칙들은 변하지 않으며 우리는 거기에서 벗어날 수 없다.

2 강하고 영원한 모든 힘들은 장엄하고 고요하게 움직이지만 우리는 그 힘과 조화를 이룰 수 있으며, 그렇게 함으로써 상대적으로 평화롭고 행복한 삶을 영위할 수 있다.

3 어려움, 부조화, 장애물 따위들은, 더 이상 우리에게 필요하지 않은 것을 우리가 버리려 하지 않거나 필요한 것을 받아들이지 않고 있음을 보여준다.

4 성장은 낡은 것을 새 것으로 바꾸고 좋은 것을 더 좋은 것으로 바꿀 때 이루어진다. 성장은 상호 작용으로 일어난다. 우리는 각자 완벽한 사고체thought entity이고, 이러한 완벽함 때문에 자기가 준 대로만 받을 수 있다.

5 가진 것에만 집착하여 매달리면 자기에게 부족한 것을 얻지 못한다. 자기가 왜 어떤 것을 끌어당기는지 알면 조건을 의식적으로 다스릴 수 있고, 각각의 경험에서 성장에 필요한 것만 뽑아낼 수도 있다. 이런 능력이 행복이나 조화로움의 정도를 결정하는 요소이다.

6 성장에 필요한 것이 무엇인지 아는 능력은 우리가 더 높은 차원에 이르러 더 멀리 보게 될수록 더 커진다. 또 자신에게 필요한 것이 무엇인지 아는 능력이 커질수록 더 확실하게 자기에게 필요한 것이 있음을 알아보고 그것을 끌어당겨 흡수하게 된다. 성장에 필요한 것만 우리에게 오게 할 수도 있다.

7 우리에게 찾아오는 조건과 경험은 모두 우리를 위한 것이다. 어려움과 난관은 우리가 그 지혜를 흡수하고 성장에 필요한 핵심적인 것들을 모을 때까지 계속 나타날 것이다.

8 뿌린 그대로 거둔다는 말은 수학적으로 정확하다. 우리는 난관을 극복하는 데 필요한 노력과 정확히 비례하는 힘을 지속적으로 얻게 된다.

9 우리가 성장해야 한다는 것은 피할 수 없는 일이므로 최대한 자신과 완벽하게 조화를 이루는 것을 끌어당겨야 한다. 가장 큰 행복은 우리가 자연의 법칙들을 이해하고 의식적으로 거기에 협력할 때 찾아온다.

10 생각은 창조적이며, 이 법칙이 근거하고 있는 원리는 만물에 내재되어 있다. 그러나 생각에 생명력이 있으려면 사랑이 깃들여야만 한다.

11 생각에 생명력을 주어 싹을 틔우게 하는 것이 사랑이다. 끌어당김의 법칙과 사랑의 법칙은 서로 같다. 이 법칙이 생각이 성장하고 성숙하는 데 필요한 재료를 가져다줄 것이다.

12 생각이 처음으로 형태를 띠는 것은 언어 또는 말이다. 그렇기 때문에 말은 중요하다. 말은 생각의 첫 번째 표현이고, 생각이 이루어지는 틀이다. 말은 공기를 움직여서 소리의 형태로 다른 사람들 안에서 그 생각을 재생시킨다.

13 생각은 행동을 유발하기도 하지만, 그 행동이 무엇이든 그것은 단지 생각이 자신을 보이는 형태로 드러내려는 시도에 불과하다. 그러므로 우리가 바람직한 조건을 소원하면 오직 바람직한 생각만 받아들일 수 있다.

14 그렇기에 삶에서 풍요를 나타내고 싶다면 오직 풍요만을 생각해야 한다는 피할 수 없는 결론이 나온다. 또한 말이란 생각이 형태를 띠는 것에 불과하므로 오직 긴실직이고 조화로운 언어만 사용하도록 특별히 세심한 주의를 기울여야 한다. 이러한 언어는 그것이 마침내 외부 형태로 결정화되어 나타날 때 우리에게 이득이 됨이 증명될 것이다.

15 우리는 자신이 쉴 새 없이 마음에 찍는 사진들에서 벗어날

수 없다. 그러므로 그릇된 개념이 사진으로 찍히는 현상은 우리가 행복과 조화를 이루지 않는 말을 할 때 발생한다.

16 우리는 생각이 명료해지고 고차원적이 되면 될수록 더욱 더 많은 생명을 나타내게 된다. 명확하게 정의된 언어, 저차원적인 생각이 없어진 언어를 사용할 때 우리는 더 쉽게 여기에 이를 수 있다.

17 생각을 표현하는 도구는 언어이다. 만일 더 높은 차원의 진리를 활용하려 한다면, 그러한 목적을 염두에 두고 조심스럽고 지혜롭게 선택한 재료만 사용해야 한다.

18 이처럼 생각을 언어로 만들어내는 놀라운 능력이 인류를 다른 동물과 구분하게 하는 점이다. 기록된 언어를 사용함으로써, 인류는 몇백 년 뒤도 돌아볼 수 있고 현재에 이르기까지의 상황도 이해할 수 있다.

19 인간은 역사상 최고의 작가와 사상가와도 만날 수 있다. 오늘날 우리에게 전해지는 기록들은 우주의 생각이 인간의 마음속에서 형상을 갖고 나타나기를 바라면서 표현된 것이다.

20 알다시피 우주의 생각이 존재하는 목적은 형태를 만들어

내기 위해서이고, 우리의 마음도 마찬가지로 우리의 생각을 늘 형태로 표현하려고 노력한다. 언어란 일종의 생각의 표출이고, 문장은 그것들이 모여 이루어지므로, 우리가 아름답거나 강해지겠다는 이상을 갖는다면 그 이상을 현실로 만들어낼 말을 정확하고 조심스럽게 선택하도록 해야 한다. 말과 문장을 얼마나 정확하게 세우는가가 문명 사회 최고의 건축술이요 또한 성공으로 가는 통행증이기 때문이다.

21 말(언어)은 생각이고, 따라서 주어진 대로 물질화되어 나타나게 될, 보이지 않는 불굴의 힘이다.

22 말은 영원토록 살 마음의 궁궐이 되기도 하고, 한 번의 바람으로 날아가 버릴 오두막이 되기도 한다. 말은 귀뿐 아니라 눈도 즐겁게 할 수 있다. 말에는 모든 지식이 담길 수 있다. 우리는 말에서 과거의 역사를 발견하고 미래의 희망을 찾는다. 말은 모든 인간적이고 초인간적인 활동이 태어나는 살아있는 사자使者이다.

23 말의 아름다움은 생각의 아름다움에 좌우된다. 말의 힘은 생각의 힘에 달려 있다. 그리고 생각의 힘은 그 생명력에 달려 있다. 어떤 것이 생명력 있는 생각일까? 그 특징은 무엇일까? 거기에는 분명히 원칙이 있다. 그 원칙을 어떻게 알아볼까?

24 그 원칙은 수학에는 있지만 오류에는 없다. 건강에는 있지만 병에는 없다. 진리에는 있지만 거짓에는 없다. 빛에는 있지만 어두움에는 없다. 풍요에는 있지만 가난에는 없다.

25 이것이 참이라는 사실을 어떻게 아는가? 수학의 원칙을 바르게 적용하면 확실한 결과를 얻기 때문이다. 건강한 사람에게는 질병이 없기 때문이다. 진리를 알면 거짓에 속을 수 없기 때문이다. 빛이 있으면 어둡지 않기 때문이다. 풍요로운 곳에는 가난이 없기 때문이다.

26 이것들은 자명한 사실이지만, 진정 중요한 진실, 다시 말해서 원칙을 담은 생각은 활력이 있고 따라서 생명을 간직하고 있으며, 결과적으로 뿌리를 내려 본디 생명력 없는 부정적인 생각을 결국은 없애버린다는 진실은 간과되어 왔던 것 같다.

27 하지만 이 진실 덕으로, 우리는 모든 부조화와 부족과 한계를 없애버릴 수 있게 될 것이다.

28 "지혜가 있어서 깨달을 만한" 사람이라면 생각의 창조력이 자신의 손에 쥐어진 무적의 무기요, 그것으로 운명의 주인이 된다는 사실을 쉬 이해할 것이다.

㉙ 물질 세계에는 "한 곳에서 일정 양의 에너지가 나타나면 다른 곳에서 같은 양의 에너지가 사라지게 된다"는 보존 법칙이 존재한다. 이로부터 우리는 주는 것만 받을 수 있음을 알 수 있다. 어떤 행동을 하겠다고 맹세할 때 우리는 반드시 그 행동으로 빚어질 결과를 책임질 준비가 돼 있어야 한다. 잠재 의식은 판단하지 못한다. 잠재 의식은 우리가 주는 그대로 받아들인다. 우리는 과거에 뭔가 요청했기에 이제 그것을 받아야 한다. 침대를 만들었으니 이제 그 안에 누워야 한다. 주사위는 던져졌다. 실타래는 이미 만들어진 패턴을 따라 움직일 것이다.

㉚ 바로 이런 이유 때문에 우리 생각에 심리적·도덕적·신체적 병균(우리 삶에서 나타나지 않기를 바라는)이 들어가지 않도록 '통찰력'을 길러야 한다.

㉛ 통찰력이란 사실과 조건을 장기적인 안목, 일종의 망원경으로 검토하는 마음의 기능을 말한다. 우리는 통찰력으로 어려움뿐 아니라 가능성누 이해할 수 있다.

㉜ 통찰력이 있으면 장차 나타날 장애물에 대비할 수 있다. 그러니 장애물이 어려움을 만들어내기 전에 그것을 극복할 수 있다.

33 통찰력이 있으면 계획을 세울 수 있으며, 보상이 주어지지 않는 쪽이 아니라 바른 쪽으로 생각과 주의를 기울일 수 있다.

34 그러므로 통찰력은 모든 원대한 성취에 절대적으로 필요하다. 통찰력이 있으면 어떤 마음의 분야라도 들어가서 탐구하여 정복할 수 있다.

35 통찰력은 내부 세계의 산물로서 고요함 속에서 집중할 때 계발된다.

36 이번에는 통찰력에 집중하도록 하자. 전과 같은 자리로 가서 자리를 잡고, 생각의 창조력을 이해한다고 해서 생각의 기술을 갖는 것은 아니라는 사실에 집중하라. 지식이 스스로 적용되지 않는다는 사실을 깊이 생각하라. 우리 행동은 지식의 지배를 받지 않고 관습과 인습과 습관을 따른다는 사실을, 지식을 적용하는 유일한 방법은 결단력과 의식적인 노력을 통하는 것뿐이라는 사실을 생각하라. 사용하지 않는 지식은 마음에서 사라지고 만다는 사실, 정보의 가치는 그것을 적용하는 데 있다는 사실을 떠올려라. 충분한 통찰을 통해 당신의 문제에 이 원칙을 적용할 분명한 계획을 만들어낼 때까지 이런 생각을 계속하라.

질문과
대답

삶의 조화로움은 무엇에 의해 결정되는가?
경험할 때마다 성장에 필요한 것이 무엇인지 알아내는 능력.

어려움과 난관은 무엇을 나타내는가?
그것들이 우리의 지혜와 영적인 성장에 필요하다는 사실.

이런 어려움을 어떻게 피할 수 있는가?
자연의 법칙을 이해하고 의식적으로 그와 협력함으로써.

생각이 형태로 나타나게 하는 원칙은 무엇인가?
끌어당김의 법칙.

생각이 성장하고 계발되고 성숙해지는 데 필요한 것을 우리는 어떻게 얻을 수 있는가?
우주의 창조 원리인 사랑의 법칙은 생각에 생명력을 주고, 끌어당김의 법칙은 성장의 법칙에 의해 필요한 것을 끌어당긴다.

바람직한 조건을 얻는 방법은 무엇인가?

바람직한 생각만 함으로써.

바람직하지 않은 생각은 어떻게 생기게 되는가?
부족함과 한계와 병과 부조화와 불화를 생각하고 논하고 떠올림으로써 생긴다. 이렇게 잘못된 개념이 마음에 각인되어 잠재 의식에게 전달되면, 끌어당김의 법칙은 불가피하게 그것을 외부 형상으로 만들어낸다. 뿌린 대로 거둔다는 사실은 과학적으로 옳다.

두려움과 부족함과 한계와 가난과 부조화를 어떻게 하면 극복할 수 있는가?
오류를 원칙으로 대체함으로써.

원칙을 이해하는 방법은 무엇인가?
진리는 반드시 거짓을 없앤다는 사실을 의식적으로 깨달음으로써 가능하다. 우리는 힘들게 어두움을 몰아내려 노력할 필요가 없다. 단지 불을 켜기만 하면 된다. 마찬가지의 원칙이 모든 부정적인 생각에 적용된다.

통찰력의 가치는 무엇인가?
우리가 얻은 지식의 적용이 얼마나 중요한지 이해하게 해준다. 많은 사람들은 지식이 저절로 적용될 거라고 믿는 것 같다. 하지만 이것은 결코 옳지 않다.

열여섯 번째 7일

영적인 깨우침을 얻자

1 부는 노력의 산물이다. 자산은 결과이지 원인이 아니다. 종이지 주인이 아니다. 수단이지 목적이 아니다.

2 가장 흔하게 인정되는 부의 정의는 "쓸모 있고 마음에 흡족한, 교환 가치가 있는 모든 것을 가진 상태"를 말한다. 이러한 교환 가치가 부의 주요한 특성이다.

3 부유해지는 것이 행복에 기여하는 바가 얼마 안 된다는 점을 고려한다면, 이용 가치가 아니라 교환 가치가 중요함을 깨닫게 된다.

4 이러한 교환 가치 때문에, 부는 참된 가치가 있는 것들, 곧 이상 실현에 필요한 것들을 얻는 매개체가 된다.

5 그렇기에 부는 목적이 아니라 단지 목적을 이루는 수단으로서 구해야 한다. 성공은 단순한 부의 축적이 아니라 고상한 이상에 따라가는 것이고, 그러한 성공을 갈망하는 사람은 기꺼이 자신의 노력을 다할 이상을 세워야 한다.

6 그러한 이상을 마음속에 품었을 때 방법과 수단이 제공될 수 있고 또한 제공될 터이다. 하지만 수단과 목적을 바꾸는 실수를 해서는 안 된다. 반드시 분명하고 흔들리지 않는 목적, 곧

이상이 있어야 한다.

7 프렌티스 멀포드Prentice Mulford는 말했다. "성공한 사람은 위대한 영적 깨달음을 얻은 사람이다. 모든 위대한 성취는 높고 참된 영적인 힘에서 나온다." 안타깝게도 이러한 힘을 인식하지 못하는 사람들이 있다. 그들은 앤드루 카네기의 어머니가, 카네기 가족이 미국으로 갔을 때 가족을 부양해야 했다는 사실, 해리먼[1]의 아버지가 연봉 200달러의 가난한 성직자였다는 사실, 토머스 립턴 경[2]이 단돈 25센트로 시작했다는 사실을 잊어버린다. 의지할 곳이 없었지만, 그들은 실패하지 않았다.

8 창조의 힘은 순전히 영적인 힘에 좌우된다. 세 가지 단계가 있다. 이상화, 영상화, 물질화가 그것이다. 산업계의 거물들은 모두 오로지 이 힘에 의지한다. 스탠더드 석유회사를 운영한 갑부 헨리 플래글러Henry M. Flagler는 《에브리바디스*Everybody's*》지에서 자신의 성공 비결을 "뭔가를 완벽하게 보는 능력"이라고 밝혔다. 기자와 그가 나눈 다음 대화에는 이상화, 집중, 영상화 같은 모든 영적인 힘들이 드러난다.

---

[1] William Averell Harriman 1891~1986. 미국의 정치가. 미국의 철도왕 E.H. 해리먼의 아들.—옮긴이
[2] Sir Thomas Lipton. 1890년 태생. 세계적으로 유명한 영국의 홍차 회사 립턴의 창업주.—옮긴이

9 "실제로 모든 것을 영상화하셨나요? 그러니까, 정말로 눈을 감고도 기찻길이 보입니까? 기차가 달리는 것도? 그리고 경적 소리도 들립니까? 그 정도까지 가능한가요?"

"네."

"얼마나 명확하게요?"

"아주 명확하게요."

10 여기에서 우리는 법칙을 보고, '원인과 결과'를 알며, 생각이 반드시 행동에 앞서며 행동을 결정한다는 사실을 알게 된다. 지혜로운 사람이라면 어떠한 조건도 임의로 생겨나지는 않는다는 사실과, 경험이란 정연하고 조화로운 사건들의 결과라는 엄청난 사실을 깨달을 것이다.

11 성공한 기업가는 이상주의자인 경우가 많다. 이들은 항상 더 높은 기준을 향해 가려고 애를 쓴다. 생각의 미묘한 힘은 그날 그날의 기분 속에 나타나는바 이것이 삶을 형성하게 된다.

12 생각은 가소성可塑性이 있는 재료와 같다. 우리는 이것을 가지고 삶에 대한 변화하는 개념을 형성해 나아간다. 용도가 생각의 생존을 결정한다. 다른 일에서와 마찬가지로 생각의 영적인 힘을 인식하고 적절하게 활용하는 능력이 성공에 필요한 조건이다.

13 때 이른 부는 수치와 재앙의 전조일 뿐이다. 우리가 받을 자격이 있거나 벌어들인 것이 아니면 어떤 것도 영원히 머물지 않기 때문이다.

14 외부 세계에서 나타나는 조건들은 내부 세계에서 발견하는 조건들과 일치한다. 이것은 끌어당김의 법칙 때문이다. 그렇다면 어떤 것을 내부 세계로 들어가게 할지 어떻게 결정할까?

15 감각이나 외부 의식을 통해서 마음으로 들어가는 것은 무엇이든 마음에 인상을 남겨 심상을 만들어내는데, 이것은 창조 에너지를 위한 하나의 패턴이 된다. 이런 것들은 대개의 경우 환경, 운, 과거의 생각, 그리고 다른 부정적인 생각들의 결과이므로, 우리는 이런 생각을 하기 전에 반드시 세심하게 분석해야 한다. 반면 우리는 타인의 생각, 외부 조건, 환경에 무관하게 내적인 생각의 과정을 통해서 자신의 심상을 만들 수도 있는데, 이것을 훈련하면 운명과 몸과 마음과 영혼을 다스릴 수 있다.

16 바로 이것을 훈련해야 우연의 손아귀에서 운명을 되찾고, 자신이 바라는 경험을 의식적으로 만들어나갈 수 있다. 마음속에서 의식적으로 어떤 조건을 만들어내면 그것이 결국은 우리 삶에 나타날 것이기 때문이다. 앞서 했던 분석을 살펴보건대

생각은 삶의 커다란 원인임이 분명하다.

17 그러므로 생각을 다스리면 환경과 조건과 상황과 운명을 다스리게 된다.

18 그렇다면 생각을 다스리는 방법은 무엇일까? 어떻게 해야 할까? 생각한다는 것은 생각을 창조하는 것이지만, 이러한 생각의 결과는 그 형상과 특성과 생명력에 좌우될 것이다.

19 형상은 심상에 따라 달라질 것이다. 이는 생각이 각인된 깊이와 아이디어의 탁월함과 영상의 명료함과 심상의 대담함에 좌우될 것이다.

20 특성은 원료에 좌우될 뿐 아니라 마음의 구성 원료가 무엇인가에 따라서도 달라진다. 마음의 원료가 힘과 원기와 용기와 결단력이라는 생각으로 만들어졌다면, 생각에 이러한 특성이 깃들일 것이다.

21 마지막으로 생명력은 생각을 품을 때의 감정에 좌우된다. 생각이 건설적이라면 거기에는 생명력이 있을 것이다. 그 생각은 생명을 갖고, 자라나고, 발전하고, 커지고, 창조적이 될 것이다. 완전하게 발전하는 데 필요한 모든 것을 끌어당길 것이다.

²² 생각이 파괴적이라면 그 안에는 파괴의 싹이 들어설 것이다. 그것은 죽겠지만 죽는 과정에서 병과 아픔과 그밖에 온갖 부조화를 가져올 것이다.

²³ 우리는 이것을 악이라고 부르고, 어떤 사람들은 스스로 이것을 초래해 놓고도 신의 탓으로 돌리기도 하지만, 신이란 단지 평정한 상태에 있는 우주의 마음일 뿐이다.

²⁴ 그것은 좋지도 나쁘지도 않다. 그저 존재한다.

²⁵ 이 우주의 마음을 개별화시키는 우리의 능력이 곧 선이나 악을 외부 세계로 나타나게 하는 능력이다.

²⁶ 그러므로 선과 악은 '실체'가 아니라 단지 행동의 결과를 나타내기 위해 사용하는 말일 뿐이다. 그리고 이러한 행동은 다시 생각의 성격에 의해 미리 결정된다.

²⁷ 생각이 건설적이고 조화로우면 선이 나타나고, 생각이 파괴적이고 조화롭지 못하면 악이 나타난다.

²⁸ 지금과 다른 환경을 영상화하고 싶다면, 단지 마음에 이상을 품고 그 영상이 현실이 될 때까지 간직하고 있으면 된다. 사

람이나 장소나 사물에는 주의를 기울이지 마라. 이것들은 절대적이지 않다. 당신이 바라는 환경에는 필요한 것이 모두 갖추어질 터이다. 원하는 사람과 원하는 것이 원하는 때에 원하는 곳에서 나타날 것이다.

29 어떻게 성격, 능력, 재능, 성과, 환경, 운명이 영상화의 힘으로 제어되는지 쉽게 이해하기 어려울 때도 있지만, 이것은 정확히 과학적인 사실이다.

30 우리 생각이 마음의 특성을 결정하고, 마음의 특성이 다시 능력과 마음의 힘을 결정한다는 사실은 쉽게 이해되리라 본다. 또 능력을 계발할수록 자연히 더 많은 것을 달성하고 환경도 더 잘 다스린다는 사실도 쉽게 이해되리라.

31 따라서 자연의 법칙이 완벽하고 조화롭게 작용함을 이해하게 될 것이다. 모든 일이 '그저 일어나는' 듯 보인다. 이 사실의 증거를 원한다면, 다만 당신의 삶 속에서 했던 노력의 결과들을 비교해 보면 된다. 고상한 이상이 동기가 되어 행동했을 때와 이기적이거나 딴 속셈을 갖고 행동했을 때를. 더 이상의 증거는 필요하지 않으리라.

32 어떤 욕구든 실현되기를 바란다면 그것을 의식적으로 영

상화함으로써 마음속에 성공의 그림을 그려라. 이렇게 하면 반드시 성공할 것이다. 또 과학적인 방식으로 그 소망들이 당신의 인생에 나타나게 할 수 있을 것이다.

33 우리는 외부 세계에 이미 존재하는 대상만 볼 수 있지만, 우리가 영상화하는 것은 영적인 차원에 이미 존재하고 있고, 우리가 이상을 충실히 믿는다고 가정할 때, 영상화는 외부 세계에 언젠가 나타날 것들의 분명한 상징이다. 이렇게 되는 이유는 복잡하지 않다. 영상화는 일종의 상상이다. 상상이라는 생각의 과정은 마음에 인상을 남기고, 이 인상은 다시 개념과 이상을 형성하고, 그것들은 다시 우주의 마음이 미래를 만드는 청사진이 되기 때문이다.

34 심리학자들은 단지 하나의 감각, 곧 느낌이라는 감각만 있고 다른 감각은 이 감각의 변형에 불과하다는 결론을 내렸다. 이것이 사실이라면, 어째서 느낌이 힘의 원천이고, 감정이 지성을 그토록 쉽게 제압하는지, 그리고 결과가 나오길 바란다면 왜 생각에 감정을 실어야 하는지 알게 될 것이다. 생각과 느낌이 결합하면 실패하지 않는다.

35 물론 영상화는 반드시 의지로 지휘되어야 한다. 우리는 바라는 바를 정확히 영상화해야 한다. 상상이 날뛰지 않도록 주

의를 기울여야 한다. 상상은 훌륭한 종이지만 동시에 멍청한 주인이기도 하므로, 다스리지 않으면 아무런 기반이나 사실의 토대 없이 온갖 추론이나 결론을 내려버리기 쉽다. 그럴싸한 의견은 아무런 분석도 조사도 없이 그대로 받아들여지기 쉽고, 그에 따른 결과는 심리적 혼돈뿐이다.

36 그러므로 과학적으로 참이라고 알려진 심상만 만들어내야 한다. 모든 생각을 조사·분석하고 과학적으로 옳지 않은 것은 아무것도 받아들이지 마라. 이렇게 하면 당신은 해낼 수 있다는 걸 아는 일만 시도할 테고, 노력의 대가로 성공을 거머쥐리라. 이것이 기업가들이 말하는 '장기적인 안목'이다. 이것은 통찰력과 아주 비슷한 것으로, 중대한 모든 일들을 하나같이 성공으로 이끄는 위대한 비결의 하나이다.

37 이번에는 조화와 행복이 의식의 상태이지 물질의 소유에 좌우되는 것이 아니라는 중대한 사실을 깨닫도록 노력해 보아라. 물질이란 결과이고 바른 마음 상태에서 비롯된다는 점도 깨닫도록 하라. 그러므로 물질적인 소유를 바란다면 그 결과를 나오게 할 마음가짐을 갖는 일이 주된 관심사가 되어야 할 것이다. 이런 마음가짐은 우리의 영적인 본질을 깨닫고 우주의 마음과 우리가 하나임을 깨달을 때 얻을 수 있다. 우주의 마음은 모든 것을 만들어내는 원료이다. 이것을 깨달으면 우리는

완벽한 즐거움을 누리는 데 필요한 모든 것을 얻게 된다. 이것은 과학적이고 바른 생각이다. 이런 마음가짐을 갖게 된다면 소망을 이미 이루어진 사실이라고 생각하기가 훨씬 더 쉬워진다. 이렇게 할 수 있을 때 우리는 '진리'를 발견하게 될 테고, 이 진리가 우리를 모든 부족함이나 한계로부터 '자유롭게' 해줄 것이다.

질문과
대답

부는 무엇에 좌우되는가?
생각의 창조적 본질을 이해하는가의 여부에 좌우된다.

부의 참된 가치는 어디에 있나?
교환 가치.

성공은 무엇에 좌우되는가?
영적인 힘.

이 힘은 무엇에 좌우되는가?
용도에 좌우된다. 용도가 그 생존을 결정한다.

어떻게 하면 우연의 손아귀에서 운명을 건져낼 수 있는가?
삶에서 나타났으면 하고 바라는 조건을 마음속에 의식적으로 만들어냄으로써.

그렇다면 삶에서 중대한 일은 무엇인가?
생각하는 일.

왜 그런가?

생각은 영적이고 따라서 창조적이기 때문이다. 그러므로 의식적으로 생각을 제어하면 우리는 환경과 조건과 상황과 운명을 제어하게 된다.

모든 악의 근원은 무엇인가?

파괴적인 생각.

모든 선의 근원은 무엇인가?

과학적으로 바른 생각.

과학적인 생각이란 무엇인가?

영적인 에너지가 본질적으로 창조적이라는 점과 우리에게 그것을 제어할 능력이 있음을 인식하는 일.

최고의 사상은 한 시대에서 가장 위대한 사건이다.
생각은 본질적으로 스스로 길을 찾아서 작용하는 법이다.

| **보비**Bovee |

열일곱 번째 7일

상징과 실재

1 우리는 인간이 "만물을 지배한다"는 이야기를 듣는다. 이러한 지배력은 마음을 통해 만들어진다. 생각은 모든 원칙을 다스리는 활동이다. 최고의 원칙은 탁월한 본질과 자질을 포함하고 있기에, 그에 접하는 모든 존재의 환경과 양상과 관계를 결정할 수밖에 없다.

2 정신력의 진동은 가장 섬세하고, 따라서 가장 강력하다. 정신력의 본질과 초월성을 인식하는 사람에게는 모든 물리적인 힘이 의미를 잃게 된다.

3 우리는 우주를 오감의 렌즈를 통해서 보는 데 익숙해 있다. 이러한 경험들에서 의인화한 개념들이 발생되지만, 올바른 개념은 오직 영적인 통찰력으로만 얻어진다. 영적인 통찰력을 얻으려면 마음의 진동을 빠르게 해야 하고, 마음이 한 곳에만 계속 집중되도록 해야 한다.

4 지속적인 집중이란 끊어지지 않는 생각의 흐름을 의미한다. 그것은 꾸준하고 지속적이며 정돈된 체계의 결과이다.

5 위대한 발견은 오래 지속해 온 조사의 결과이다. 수학의 대가가 되려면 수년간의 집중된 노력이 필요하고, 최고의 과학(마음의 과학)은 오직 집중된 노력으로만 알 수 있다.

6 집중에 대해 많은 오해들이 있다. 집중이라고 하면 그와 연관된 노력이나 활동 같은 개념을 연상하나 본데, 사실은 그와 정반대이다. 연기자의 위대함은 연기자가 극중 인물에 빠져 자신을 잊고 그 인물과 하나가 되는 것을 보고 관객이 그 현실감에 압도되어 감동을 느낄 때 드러난다. 이 이야기가 참된 집중이 무엇인지 이해하는 데 도움이 되리라 본다. 당신도 자신의 생각에 깊이 관심을 갖고 그 주제에 아주 매료되어 다른 것은 의식하지 못할 정도가 되어야 한다. 그러한 집중은 직관적인 인식과 직접적인 통찰로 이어져서, 자기가 집중하는 대상의 본질에 다가가게 해준다.

7 모든 지식은 이런 식의 집중에서 비롯된다. 그런 식으로 우주 만물의 비밀들도 발굴되었다. 마음이 자석이 되고, 그리하여 알려는 욕구가 지식을 끌어당길 때, 그 지식은 반드시 당신 것이 된다.

8 소망은 대부분 잠재 의식 속에 있다. 의식적인 소망은 그 대상이 바로 얻어지지 않으면 대부분 실현되지 못하는 경우가 많다. 잠재 의식적인 소망은 마음의 잠재된 능력을 일깨우고, 따라서 어려운 문제도 저절로 풀리는 듯이 느껴진다.

9 집중을 통해 잠재 의식을 일깨움으로써 우리는 그것을 뜻하

는 방향으로 작용하게 하고 뜻하는 일에 활용할 수 있다. 집중을 훈련하려면 몸과 마음과 정신을 다스려야 한다. 신체적이든 정신적이든 모든 의식을 제어해야 한다.

10 따라서 영적인 진리가 제어의 관건이다. 바로 영적인 진리 덕택에 당신은 일정 수준 이상을 해낼 수가 있고, 사고 방식을 성격과 의식 상태로까지 바꿔낼 수가 있다.

11 집중이란 단지 생각하는 것이 아니라 생각을 실질적인 가치로 바꾸는 과정을 의미한다. 평범한 사람은 집중의 개념을 이해하지 못한다. 항상 '갖고 싶다고' 부르짖기는 하면서도 그런 사람이 '되려고'는 하지 않는다. 먼저 그런 존재가 되어야만 가질 수 있음을, 먼저 '그의 나라'를 발견해야 '더해진다'는 것을 이해하지 못한다. 일시적인 열정은 무가치하다. 무한한 자신감이 있어야만 목표가 이루어지는 것이다.

12 마음의 이상이 너무 높아서 거기에 이르지 못하는 경우도 있다. 단련도 하지 않은 날개로 하늘을 날아오르려고 하다가 날지 못하고 땅으로 떨어지기도 한다. 하지만 그것이 다시 시도하지 못할 이유가 되지는 않는다.

13 연약함이야말로 마음의 성장을 막는 유일한 장애물이다.

연약함을 신체적인 제약이나 마음의 불확실함에서 비롯된 것으로 보고 다시 시도하라. 반복하면 더 완전해지고 더 쉬워지는 법이다.

14 천문학자가 마음의 중심을 별에 둔 덕분에 우리가 별의 비밀을 알게 되었다. 지리학자가 마음의 중심을 땅의 구조에 둔 덕분에 지리학이 생겼다. 다른 일도 마찬가지이다. 사람들이 마음의 중심을 삶의 문제들에 두었기에 그 결과로 오늘날의 거대하고 복잡한 사회 질서가 나타났다.

15 모든 정신적 발견이나 성취는 소망과 집중이 더해진 결과이다. 소망은 가장 강력한 행동 양식이다. 소망이 지속적일수록 더 확실하게 결과가 나타난다. 소망에 집중이 더해지면 자연으로부터 어떠한 비밀이라도 알아낼 수 있다.

16 위대한 사상을 깨닫고 그에 따른 위대한 감정을 느낄 때, 마음은 더 높은 것의 가치를 이해하는 상태에 이르게 된다.

17 한순간이라도 진지하게 집중하고 뭔가 이루겠다고 강하게 소망하면 몇 년 동안 느리고 평범하며 억지스레 노력을 기울인 것보다 더 많은 것을 이룰 수 있다. 이렇게 하면 불신, 연약함, 무기력, 자기 비하라는 감옥의 창살이 풀어질 테고, 당신은 극

복의 즐거움을 알게 될 것이다.

18 독창성이나 창조성과 같은 정신은 끈기를 가지고 지속적으로 노력할 때 얻어진다. 사업에서는 집중의 가치를 가르치고 결단력을 장려한다. 그렇게 하면 실제에 필요한 통찰력이 생기고 결론도 빠르게 내릴 수 있다. 심리적인 요인은 어떤 거래에서나 주도적인 요소이고, 소망은 그 지배적인 힘이다. 모든 상거래는 소망이 외면화된 것이다.

19 건전하고 실질적인 미덕들은 대개 상업적인 업무를 통해 발전한다. 이때 마음은 한결같아지고, 일정한 방향성이 생기며, 능률이 오른다. 그러기 위해 꼭 필요한 것은 마음을 강하게 단련하는 것이다. 집중을 방해하는 것들과 본능적인 삶의 변덕스러운 충동들을 뛰어넘고, 그리하여 고차원적인 자아와 저차원적인 자아 사이의 갈등을 성공적으로 극복해야 하는 것이다.

20 우리는 모두 발선기이다. 그러나 발전기 자체는 아무것도 하지 못한다. 마음이 발전기를 작동시켜야 한다. 그래야 발전기가 쓸모 있게 되고 에너지를 분명하게 모을 수 있다. 마음이란 상상을 초월할 정도로 강력한 엔진이다. 생각은 무엇이든 해내는 힘이다. 생각은 모든 외부 형태와 사건의 지배자이자 창조자이다. 물리적인 에너지는 생각의 힘에 비하면 아무것도

아니다. 생각 덕택에 인간이 자연의 모든 힘을 다스릴 수 있다.

21 진동이란 생각의 작용이다. 만들고 짓는 데 필요한 재료를 끌어당기는 것이 바로 진동이다. 생각의 힘에 대해서는 신비로울 게 없다. 집중은 단지 의식이 한 곳에 모아지고, 그리하여 집중 대상과 하나가 되는 것을 의미한다. 몸에 흡수된 음식이 몸의 근간을 이루듯이, 마음은 집중 대상을 흡수하고 거기에 생명을 준다.

22 중요한 문제에 집중하면 직관력이 작용하기 시작하면서 성공으로 이끌어줄 정보를 제공하는 식의 도움을 줄 것이다.

23 직관은 경험이나 기억에 의지하지 않고도 결론을 낼 수 있다. 직관은 추론의 힘이 미치지 못하는 문제도 해결할 때가 많다. 놀랄 만큼 갑작스럽게 찾아오는 경우도 많다. 우리가 찾으려는 진실을 아주 직접적으로 계시해 줘서 마치 높은 존재에게서 오는 것처럼 느껴지기도 한다. 우리는 직관력을 계발하고 키울 수 있다. 그러려면 직관력을 인식하고 알아야 한다. 직관이라는 손님이 왔을 때 그를 왕처럼 대접해 주면 그는 다시 올 것이다. 따스하게 맞아줄수록 더 자주 올 것이다. 하지만 무시하거나 마음을 쓰지 않는다면 오기는커녕 더 멀어져갈 것이다.

24 직관은 대개 고요함 속에서 찾아온다. 위대한 사람들은 고독을 찾을 때가 많다. 바로 이때 인생의 큰 문제들이 모두 해결된다. 그렇기 때문에 기업가들은 가능하면 개인 사무실을 가지려고 한다. 방해받지 않을 곳을 찾는 것이다. 개인 사무실을 가질 여건이 안 되면 적어도 매일 잠시 머물 장소를 찾아서 성공에 필요한 무적의 힘을 계발하기 위해 생각을 단련할 수 있다.

25 잠재 의식은 근본적으로 전능하다는 사실을 기억하라. 잠재 의식에 행위의 힘을 부여할 때 한계란 존재하지 않는다. 얼마만큼 성공하는가는 소망의 성격에 따라 달라진다. 소망이 자연의 법칙 혹은 우주의 마음과 조화를 이룬다면, 마음이 자유로워지고 무한한 용기가 생길 것이다.

26 장애물을 정복하고 승리를 거머쥘 때마다 당신은 자신의 힘을 더욱 믿게 되고 능력은 더욱 커질 것이다. 힘은 마음가짐으로 결정된다. 성공의 마음가짐을 갖고 흔들리지 않는 결단력으로 그 마음가짐을 유지한다면, 사신이 조용히 요구하는 것을 보이지 않는 영역으로부터 끌어당기게 될 것이다.

27 마음속에 생각을 계속 간직하고 있으면 그것은 점차 눈에 보이는 형상을 갖게 된다. 분명한 목적은 원인들을 움직이게 하고, 원인들은 보이지 않는 세계로 가서 목적을 이루는 데 필

요한 재료를 찾아낸다.

28 당신은 힘 자체보다는 힘의 상징을 좇는지도 모른다. 당신은 명예보다 인기를 바라고, 부유함보다 재산을 바라고, 봉사보다 지위를 바랄지 모른다. 이런 것들은 차지하는 순간 재로 변해 버리고 만다.

29 때 이른 부나 지위는 유지될 수 없다. 노력해서 얻은 것이 아니기 때문이다. 우리는 준 그대로 받는 법이다. 주지 않고 받으려는 사람은 그러고자 할 때마다 보상의 법칙에 의해서 정확한 평형이 가차없이 유지된다는 것을 깨우치게 된다.

30 대개는 돈이나 여타 힘의 상징들을 좇아 달려가지만, 힘의 참된 근원을 이해한다면 이런 상징들은 무시할 수 있다. 은행 계좌에 돈이 많은 사람은 주머니에 금 덩어리를 넣어둘 필요가 없다. 힘의 참된 근원을 찾은 사람도 위선이나 겉치레에 더 이상 관심을 두지 않는다.

31 생각은 보통 진화의 과정에 따라 외부로 향하게 마련이지만, 내부로 방향을 바꾸어 그곳에서 사물의 근본 이치와 핵심과 혼을 이해하게 할 수도 있다. 사물의 핵심에 이르게 되면 그것을 이해하고 움직이기는 비교적 쉬워진다.

32 그 까닭은 사물의 혼이 곧 사물 자체이자 생명이며 실체이기 때문이다. 외형은 단지 내부의 영적인 움직임의 외적인 표현일 뿐이다.

33 이번에는 여기에서 언급한 방식에 가능한 가까이 집중해 보도록 하자. 당신의 목적과 관련하여 의식적인 노력이나 행위를 하지 않도록 하라. 긴장을 완전히 풀고 결과에 대한 근심은 모두 잊어버려라. 힘은 평정에서 온다는 사실을 기억하라. 생각하는 대상에 집중하여 완전히 그것과 하나가 되도록 하라. 그것 이외에는 아무것도 의식하지 마라.

34 두려움을 없애고 싶다면, 용기에 집중하라.

35 부족함을 없애고 싶다면, 풍요에 집중하라.

36 질병을 없애고 싶다면, 건강에 집중하라.

37 마치 이미 실현된 것처럼 이상理想에 집중하라. 이상이 하느님Elohim이요 생식 세포이며 생명 원리이니, 필요한 것을 안내하고 지휘하고 불러와 결국 외형으로 그 모습을 나타낼 원인들을 움직인다.

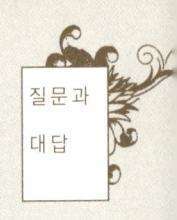

질문과
대답

참된 집중의 방법은 무엇인가?
생각하는 대상과 하나가 되어서 다른 것은 의식하지 못하는 것.

이러한 집중 방법의 결과는 무엇인가?
생각과 일치하는 조건을 틀림없이 가져다줄, 보이지 않는 힘을 움직인다.

이런 생각의 방식을 다스리는 요소는 무엇인가?
영적인 진리.

왜 그런가?
소망은 반드시 자연의 법칙과 조화를 이루어야 하기 때문이다.

이런 집중 방법의 실질적인 가치는 무엇인가?
생각이 성격으로 변한다. 성격은 환경을 만들어내는 자석이다.

모든 상거래를 다스리는 요인은 무엇인가?
심리적 요인.

왜 그런가?

마음은 모든 외부 사물과 사건의 지배자이고 창조자이므로.

집중은 어떻게 작용하는가?

인식력, 지혜, 직관력, 총명함을 계발함으로써.

직관이 이성보다 훌륭한 이유는 무엇인가?

직관은 기억이나 경험에 의존하지 않고, 우리가 전혀 모르는 방식으로 문제의 해결책을 주는 경우가 많기 때문에.

실체의 상징을 추구하면 어떤 결과가 나오는가?

얻는 순간 그것은 재로 변해 버린다. 상징은 내부 영적 활동의 외적인 형상일 뿐이기 때문이다. 따라서 영적인 실체를 얻지 못하면 형상은 사라져버린다.

생각은 오직 그것을 품을 줄 아는 자의 재산이다.

| 에머슨 |

열여덟 번째 7일

끌어당김의 법칙

1 세계의 사조가 변화하고 있다. 이 변화는 우리의 중심에서 조용히 일어나고 있는바, 이교異敎 숭배가 쇠퇴한 이래로 가장 중대한 사건이다.

2 모든 계급의 사람, 곧 교양 있고 세련된 사람들만이 아니라 노동자 계급의 사람들에게서도 일어난 이 사상의 혁명은 역사상 유례를 찾아볼 수 없는 일이다.

3 과학으로 많은 발견을 이루고 무한한 자원을 찾아내고 엄청난 가능성과 생각지 못한 힘을 밝혀냄에 따라, 이제 인간은 어떤 이론들에 대해서는 확정적이다거나 의심의 여지가 없다고 받아들이기를, 또 어떤 이론들에 대해서는 부조리하다거나 불가능하다고 부정하기를 점점 더 꺼리게 되었다.

4 새로운 문명이 탄생하고 있다. 관습과 신앙과 선례가 사라지고, 비전과 믿음과 봉사가 자리를 잡고 있다. 인습의 굴레가 녹이 없어지고, 물질주의의 때가 없어지고, 생각이 자유로워지며, 놀란 대중 앞에 진리가 둥근 해처럼 떠오르고 있다.

5 전 세계가 새로운 의식과 새로운 힘과 새로운 깨달음의 전야를 맞이했다.

6 물질 과학은 물질을 분자로, 분자를 원자로, 원자를 에너지로 분해했다. J.A. 플레밍은 영국 왕립과학연구소 앞에서 행한 연설에서 에너지를 마음으로 풀어내었다. "본질적으로 에너지는 이해할 수 없는 것이지만, 예외가 있다면 마음 혹은 의지라고 부르는 것이 직접 작용하여 드러날 때뿐입니다."

7 마음은 내부에서 영원히 존재한다. 마음은 물질과 영혼에 존재한다. 마음은 우주를 유지하고 우주에 에너지를 주며 모든 곳에 스며드는 혼이다.

8 모든 생명체는 이 전능한 지능[1]으로 유지되고, 이 지능이 어느 정도 표현되어 나타나는가에 따라 각 사람의 삶의 차이가 생긴다. 동물이 식물보다 고차원적인 생명이 되고, 사람이 동물보다 고차원적인 생명이 되는 까닭은 각각 더 뛰어난 지능을 가졌기 때문이니, 자신의 행동 방식을 제어하고 환경과 의식적으로 조화를 이루는 힘에 의해 이러한 지능의 발달 정도가 드러난다.

9 위대한 사람들이 관심을 갖는 것이 바로 적응인데, 적응이

---

[1] 전능한 지능이란 omnipotent Intelligence를 옮긴 말인데, 여기서는 우주의 마음이 지닌 지능을 뜻한다. 또 지능이란 꼭 지적인 능력이기보다 인식하고 이해하는 총체적인 힘이라고 보는 편이 타당하다. 우주의 지능이라고도 한다.—옮긴이

란 우주의 마음에 존재하는 질서를 인식하는 일이다. 잘 알겠지만, 우주의 마음은 우리가 먼저 거기에 순응하는 만큼 우리에게 순응하기 때문이다.

10 자연의 법칙을 인식함으로써 우리는 시간과 공간을 초월하기도 하고 하늘로 날아오르기도 하며 강철을 물에 띄울 수도 있었다. 지능이 발달하면 할수록 이러한 자연의 법칙도 더 많이 인식하게 될 테고, 따라서 더 큰 힘을 얻게 될 것이다.

11 자신이 우주의 지능이 개체화된 존재임을 인식하면, 사람들은 아직 그러한 깨달음에 이르지 못한 다른 생명체들을 다스릴 수 있다. 그러나 사람들은 우주의 지능이 행동할 준비가 되어 있는 모든 것에 스며들어 있음을 알지 못한다. 우주의 지능이 모든 요구에 반응한다는 것을 알지 못한다. 그들 자신의 법칙에 묶여 있는 것이다.

12 생각은 창조력을 갖고 있고, 그 법칙의 근거가 되는 원리는 온전하고 합당할 뿐 아니라 만물에 깃들여 있다. 그러나 이 창조력은 개인이 아니라 우주의 마음에서 비롯된다. 우주의 마음은 모든 에너지와 원료의 근원이요 샘이다. 개인은 단지 이 에너지가 흐르는 통로일 뿐이다.

13 개인은 우주가 다양한 조합을 만들어내서 외부 현상으로 나타나기 위한 수단에 지나지 않는다. 이런 현상들은 진동의 법칙을 따른다. 이 법칙에 따라서, 근본 원료는 다양한 속도로 움직이면서 그 속도에 맞는 새로운 원료를 만들어낸다.

14 생각은 개인이 우주와, 유한함이 무한함과, 보이는 존재가 보이지 않는 존재와 교감하는 보이지 않는 연결 고리이다. 생각은 인간을 생각하고 알고 느끼고 행동하는 존재로 바꾸어주는 마법이다.

15 올바른 기구를 사용하여 수백만 킬로미터 떨어진 세계를 찾을 수 있었듯이, 올바른 이해력으로 인간은 모든 힘의 근원인 우주의 마음과 교감할 수 있게 되었다.

16 사람들이 흔히 얻는 깨달음이란 전선 없는 전화기처럼 무가치하다. 사실 그것은 단지 '믿음'일 뿐 아무것도 아니다. 원시인 섬에 사는 원시인들도 뭔가를 믿기는 한다. 하지만 그것은 아무것도 증명하지 못한다.

17 조금이라도 가치가 있는 유일한 믿음은 시험을 거쳐 사실로 입증된 믿음이다. 그럴 때 그것은 살아있는 믿음, 즉 진리가 된다.

18 수많은 사람들이 진리를 시험했으나, 진리가 입증된 정도는 그들이 이용한 기구가 얼마나 유용한가에 따라 달랐다.

19 우리는 성능이 뛰어난 망원경 없이는 수백만 킬로미터 떨어진 별을 찾을 수 없다. 그런 까닭에 과학자들은 계속 더 크고 더 강력한 망원경을 만드는 데 몰두하고 있으며, 그리하여 천체에 대한 새로운 지식을 얻고 있다.

20 깨달음도 마찬가지다. 인간은 우주의 마음, 그리고 그 무한한 가능성과 교감하는 방식을 꾸준히 발전시키고 있다.

21 우주의 마음은 외부 세계에 자신을 나타내는데, 그 방법은 원자들 사이에 존재하는 끌어당김의 법칙을 적용하는 것이다.

22 이렇게 끌어당겨서 모이게 하는 원리로 사물이 만들어진다. 이 원리는 어디에나 적용되는바, 이것이야말로 존재의 목적이 달성되는 유일한 수단이기도 하다.

23 성장은 이 원리의 도움을 받아서 가장 아름다운 방식으로 표현된다.

24 성장하려면 반드시 성장에 필요한 것을 습득해야 한다. 하

지만 우리는 늘 완벽한 사고체思考體인 까닭에 우리가 주는 그대로만을 받을 수 있다. 따라서 성장은 상호 작용에 의해서 이루어진다. 우리는 마음의 차원에서 유유상종, 즉 마음의 진동이 그와 조화를 이루는 진동에만 반응함을 알게 된다.

25 그러므로 풍요에 대한 생각은 그와 유사한 생각에만 반응할 것이다. 각 사람의 부는 그 사람이 본디 어떤 사람인가를 나타낸다는 사실이 밝혀졌다. 내부의 풍요가 외부의 풍요를 끌어당기는 비결임이 밝혀졌다. 생산 능력이 부의 참된 근원임이 밝혀졌다. 바로 그런 까닭에 자기 일을 사랑하는 사람은 무한한 성공을 이루게 된다. 그는 끊임없이 주고 또 줄 것이며, 더 많이 줄수록 더 많이 받을 것이다.

26 월 가Wall Street의 큰 자산가, 산업계의 거물, 정치가, 대기업 변호사, 발명가, 의사, 저자, 이런 사람들이 인류 전체의 행복을 위해 생각의 힘 말고 무엇을 기여했겠는가?

27 생각은 끌어당김의 법칙이 작동되도록 하는 에너지이고, 이는 결국 풍요로움으로 나타난다.

28 우주의 마음은 정적인 마음 혹은 평형 상태의 원료이다. 그것은 우리의 생각하는 힘으로 개체화되어 나타난다. 생각은

동적인 마음이다.

29 힘은 그것을 의식하는가에 좌우된다. 힘은 사용하지 않으면 없어질 테고, 의식하지 않으면 사용할 수 없다.

30 힘의 사용은 주의력에 좌우된다. 주의력이 얼마나 되는가가 힘의 다른 이름인 지식을 얻는 능력을 결정한다.

31 주의력은 천재들의 특징으로 생각되어 왔다. 그러나 훈련을 하면 주의력을 계발할 수 있다.

32 주의력의 동기는 관심이다. 관심이 클수록 주의가 집중되고, 주의가 집중될수록 관심이 커지니, 작용과 반작용이다. 먼저 주의를 기울여라. 그러면 곧 관심이 생기게 되고, 관심은 주의를 더 끌어당기며, 이것이 다시 더 큰 관심을 불러일으키면서 반복된다. 이렇게 하면 주의력을 키울 수 있게 될 것이다.

33 이번에는 '창조의 힘'에 집중해 보자. 통찰력과 인식력을 구하라. 당신 안에 있는 믿음의 논리적인 기반을 찾아보라. 사람의 몸이 생명을 유지하는 공기 속에서 살고 움직인다는 사실을, 숨을 쉬어야 살 수 있다는 사실을 곰곰 생각해 보라. 마찬가지로, 사람의 영혼도 이와 비슷하지만 더 미묘한 에너지에

의지해서 살아가고 움직인다는 사실과, 물질 세계에서 씨앗을 심기 전에는 어떤 생명도 탄생할 수 없으며, 어떤 열매도 모체보다 나은 식물이 될 수 없음을 곰곰 생각해 보라. 마찬가지로, 영적인 세계에서도 씨앗을 심기 전에는 어떤 결과도 생길 수 없고, 열매는 씨앗의 본질을 따라가며, 따라서 당신이 얻을 결과는 거대한 인과의 세계의 법칙을 인식하는가에 따라가게 된다. 이러한 인식은 가장 진화한 의식 수준에서 얻을 수 있다.

질문과
대답

각 사람의 삶의 차이는 무엇으로 측정할 수 있나?
각각이 드러내는 지능의 정도로.

개인이 다른 지적인 존재를 다스리려면 어떻게 해야 하는가?
자신이 우주의 지능이 개체화된 존재임을 인식해야 한다.

창조의 힘은 어디서 비롯되는가?
우주의 마음에서.

우주의 마음은 어떻게 창조하는가?
각 사람을 수단으로 하여.

개인과 우주를 연결하는 고리는 무엇인가?
생각.

존재의 목적을 이루어주는 원칙은 무엇인가?
사랑의 법칙.

이 원칙은 어떻게 표현되는가?

성장의 법칙으로.

성장의 법칙은 어떤 조건에 좌우되는가?

상호 작용에 좌우된다. 각 사람은 항상 완벽하며 따라서 자기가 주는 대로만 받을 수 있다.

우리가 주는 것은 무엇인가?

생각.

받는 것은 무엇인가?

생각. 이는 평형 상태의 원료이며, 생각에 의해 계속해서 개체화되어 나타나고 있다.

생각은 외적 행위보다도 성격을 더 잘 드러낸다.

| W.S. 플러머Plumer |

열아홉 번째 7일

마음의 양식

1 진리를 향한 탐구는 더 이상 우연한 모험이 아니라 체계적인 과정이며 논리적으로 이루어진다. 모든 경험에는 그 결정에 도움을 준 어떤 목소리가 있는 법이다.

2 진리를 찾는다 함은 궁극의 원인을 찾는다는 것이다. 알다시피 모든 경험은 결과이다. 그렇다면 만약 원인을 찾아낼 수 있고, 그것이 의식적으로 제어 가능하다는 것을 알게 된다면, 결과(경험)도 제어할 수 있다.

3 그렇게 되면 인간의 경험은 더 이상 운명의 장난감이 되지 않을 것이다. 인간은 운명의 자식이 아니게 될 터이니, 운명과 숙명과 행운은 선장이 배를 조종하듯이 또 기관사가 기차를 운전하듯이 쉽게 제어될 것이다.

4 마침내 모든 사물은 동일한 원소로 분해할 수 있게 되었고, 따라서 서로 변형될 수도 있다. 물질들은 결코 서로 대립하지 않고 항상 연관을 갖는다.

5 물질 세계에는 서로 대조되는 것이 수없이 많이 존재하는데, 이들은 편의상 다른 이름으로 불린다. 만물에는 크기, 색깔, 명암, 쓰임새가 있다. 북극과 남극, 내부와 외부, 보이는 것과 보이지 않는 것이 있지만, 이러한 표현들은 대조되는 양극

을 나타낼 뿐이다.

6 그것들은 한 대상의 두 가지 측면에 붙여진 이름이다. 양극은 상대적이다. 서로 분리된 것이 아니라 전체의 두 가지 측면 또는 부분이다.

7 마음의 차원에서도 똑같은 법칙이 적용된다. 우리는 지식과 무지를 이야기하지만, 무지는 지식이 없는 상태일 뿐이고, 따라서 지식이 없는 상태를 나타내는 말에 불과하다. 그 자체는 아무런 근원도 없다.

8 도덕의 세계에서도 같은 법칙이 적용된다. 우리는 선과 악에 대해 이야기하지만, 선은 실체이고 유형의 것인 데 반해 악은 단지 반대 상태, 곧 선이 없는 상태를 의미할 뿐이다. 악은 정말 실체처럼 생각되기도 하지만, 근원도 생명력도 생명도 없다. 악은 선으로 언제든지 없앨 수 있기 때문이다. 진리가 거짓됨을 없애고 빛이 어두움을 없애듯, 악은 선이 나타나면 사라지고 만다. 그러므로 도덕의 세계에도 오직 하나의 근원만이 존재한다.

9 영혼의 차원에서도 정확히 똑같은 법칙이 적용된다. 우리는 마음과 물질을 두 가지 다른 존재로 이야기하지만, 명확히 잘

살펴본다면 오직 하나의 근원만이 존재하며 그것이 곧 마음임을 알 수 있다.

10 마음은 참되고 영원하다. 물질은 항상 변화한다. 알다시피 영겁의 시간에서 백 년은 하루와 같다. 거대한 도시에 서서 어마어마하게 크고 웅장한 건물들, 현대식 자동차의 행렬, 전화, 전깃불, 그밖의 모든 현대 문명의 이기利器를 바라보면, 어느 것 하나도 백 년 전에는 존재하지 않았음을 알 것이다. 또 우리가 그곳에서 백 년 동안 서 있는다면, 그 중 극소수만이 남으리라는 것을 익히 짐작할 수 있다.

11 동물계에서도 같은 변화의 법칙이 적용된다. 헤아릴 수 없이 많은 동물이 왔다가 가는데, 그 수명은 몇 년 정도이다. 식물계에서는 변화가 이보다 더 빠르다. 수많은 식물, 거의 모든 풀은 일년을 주기로 오고 간다. 무생물계로 관심을 돌리면 좀 더 근본적인 것이 있으리라 기대하지만, 단단해 보이는 땅을 바라보노라면 그것이 바다에서 솟아오른 것임을 알게 된다. 눈에 보이는 거대한 산도 예전에는 호수였음을 안다. 요세미티 계곡의 험난한 절벽 앞에 서서 경이로워하며 바라보면서도 그 모두를 움직였던 빙하의 자취를 찾을 수 있다.

12 우리는 끝없는 변화 속에 존재하며, 이러한 변화가 우주의

마음이 진화하는 현상에 불과함을 안다. 모든 것이 새롭게 창조되는 웅대한 과정임을 말이다. 또 우리는 물질이 단지 마음이 취하는 외형일 뿐이고, 따라서 하나의 여건에 불과함을 안다. 물질에는 근본이 없다. 마음만이 유일한 근본이다.

13 그러므로 우리는 마음이 몸과 마음과 도덕과 영혼의 세계에서 유일한 근본임을 알게 된다.

14 우리는 또 마음이 정지되어 있음(쉬고 있는 마음)을 안다. 그리고 각 사람의 생각하는 능력이 우주의 마음에 작용해 이를 동적인 마음(움직이는 마음)으로 바꾸는 능력이라는 점도 안다.

15 이렇게 하려면 음식이라는 연료가 주입되어야 한다. 사람이 먹지 않고서는 생각할 수 없으니. 따라서 우리는 생각과 같은 영적인 활동도 물질적인 수단을 이용하지 않으면 기쁨이나 이득의 근원으로 바꾸지 못함을 알게 된다.

16 전기를 모아서 동력으로 바꾸려면 에너지가 필요하고, 햇살이 비쳐야 식물의 생명을 유지할 수 있듯이, 음식이 에너지로 공급되어야 사람이 생각할 수 있고, 그리하여 우주의 마음에 작용할 수 있다.

17 생각이 끊임없이 그리고 영원히 외형을 취하고 있으며, 또 나타나 표현되기를 바라고 있음을 당신이 알 수도 있고 모를 수도 있지만, 힘있고 건설적이며 긍정적으로 생각하면 그것이 건강과 사업과 환경에 여실히 드러나리라는 사실은 변하지 않는다. 당신의 생각이 대체적으로 연약하고 비판적이고 파괴적이고 부정적이라면, 그것은 몸 속에서는 두려움과 걱정과 긴장감으로, 재정에서는 결핍과 부족으로, 환경에서는 조화롭지 않은 여건으로 나타날 것이다.

18 모든 부는 힘의 소산이다. 소유물은 오직 힘을 줄 때에만 가치가 있는 법이다. 사건은 힘에 영향을 줄 때에만 의미를 갖는 법이다. 모든 것은 특정한 형태와 일정한 힘을 나타낸다.

19 증기, 전기, 화학 친화력, 중력을 다스리는 법칙들에서 나타났듯이 원인과 결과를 이해하면 용기 있게 계획을 세우고 두려움 없이 행할 수 있다. 이런 법칙을 자연 법칙이라고 하는데, 그 이유는 그것들이 물질 세계를 지배하기 때문이다. 하지만 모두가 물질적인 힘은 아니다. 마음의 힘도 있고, 도덕의 힘과 영혼의 힘도 있다.

20 학교와 대학은 무엇인가? 그저 마음의 발전소, 곧 마음의 힘을 계발하는 곳이 아닌가?

21 거대한 기계를 돌리는 데 쓸 전력을 얻기 위해 여기저기 커다란 발전소가 있고, 그곳에 원재료를 모아서 생활에 필요한 물건을 만들듯이, 마음의 발전소도 원재료를 모아서 자연의 모든 경이로운 힘보다 월등히 큰 힘으로 계발하고 성장시킨다.

22 전 세계에 널린 수많은 마음의 발전소에 모여서 다른 모든 힘을 지배하는 힘으로 계발되는 이 원재료는 무엇인가? 그것은 정지된 상태에서는 마음이고, 움직이는 상태에서는 생각이다.

23 이 힘이 더 강한 이유는 그것이 더 높은 차원에 존재하기 때문에, 또 그 덕분에 인간이 법칙을 발견, 이 놀라운 자연의 힘들을 제어함으로써 수천 명이 할 일을 대신할 수 있게 되었기 때문이다. 그 힘이 있었기에 인간은 법칙을 발견했고, 그것을 이용하여 시간과 공간을 초월했으며, 이제 중력의 법칙도 극복하려 한다.[1]

24 생각은 계발되고 있는 생명력 혹은 에너지이고, 50년, 아니 25년 전 사람들도 생각지 못했을 놀라운 결과들을 만들어냈다. 50년 동안 마음의 발전소를 가동함으로써 이러한 결과를 얻었다면, 다음 50년 동안 이루지 못할 일이 무엇이겠는가?

---

[1] 앞서 말했듯, 당시에는 아직 우주 여행이 실현되지 않았다.—옮긴이

25 만물이 만들어지는 원료는 무한히 많다. 빛은 초속 약 30만 킬로미터의 속도로 움직이고, 아주 먼 별들은 2천 광년이 넘게 걸려야 다다를 수 있다. 또한 그러한 별들이 곳곳에 존재한다. 빛은 파장으로 오는 만큼 이 파장이 이동하는 매체(곧 대기 밖의 공간)가 연속적이지 않다면, 빛은 우리에게 올 수 없었을 것이다. 그러므로 이 원료, 또는 매체나 원자재는 어디에나 존재한다는 결론에 이를 수 있다.

26 그렇다면 이것은 어떻게 외형을 갖게 되는가? 아연과 구리의 양극을 연결함으로써 전지가 만들어지고, 이렇게 하여 한쪽에서 다른 쪽으로 전류가 흘러 에너지가 형성된다. 극성을 띠는 모든 것에서 이와 같은 과정이 반복되고, 모든 외형은 단지 원자들의 진동수와 그에 따른 원자들 사이의 관계에 좌우되므로, 외형을 바꾸고 싶다면 극성을 바꾸어야 한다. 이것이 인과의 법칙이다.

27 이번 훈련은 집중하는 것이다. 집중이라는 말이 의미하는 모든 것을 하라는 말이다. 생각의 대상에 완전히 몰입하여 다른 것은 전혀 생각이 나지 않도록 하라. 이것을 매일 반복하라. 몸에 영양분을 주려고 시간을 내서 먹지 않는가. 그렇다면 마음의 양식을 먹는 데도 시간을 내야 하지 않겠는가?

28 외형은 기만적이라는 것을 생각하라. 지구는 평평하지도 않고 고정된 것도 아니다. 하늘은 천정이 아니고, 태양은 움직이지 않고, 별은 작은 빛의 점이 아니며, 고정된 것이라고 간주되던 물질은 끝없이 움직이는 상태에 있다.

29 불변의 원칙들에 관한, 급속도로 불어나는 지식에 생각과 행동 방식을 맞춰야 할 날이 빠르게 다가오고 있음을 깨달으라.

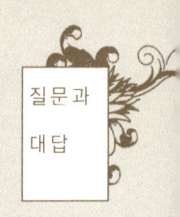

질문과 대답

양극은 어떻게 대조를 이루게 되는가?
양극은 안과 밖, 위와 바닥, 빛과 어두움, 선과 악처럼 다른 이름으로 불린다.

이것이 서로 별개의 것인가?
아니다. 전체의 부분 혹은 일면일 뿐이다

몸과 마음과 영혼의 세계에서 유일한 실체는 무엇인가?
우주의 마음 혹은 영원한 에너지이다. 여기서 만물이 생성된다.

이 창조의 원리와 우리는 어떻게 연결되는가?
생각하는 능력을 통해서 연결된다.

이 창조의 원리를 작동시키는 방법은 무엇인가?
생각은 행동으로 나타나고, 행동은 외형으로 나타난다.

외형은 무엇에 따라 달라지는가?
진동수에 따라.

진동수를 바꾸는 방법은 무엇인가?
정신 작용으로.

정신 작용은 무엇에 좌우되는가?
각 사람과 우주 사이의 작용과 반작용, 곧 극성에 좌우된다.

이 창조의 에너지는 각 사람에게서 발생되는가 아니면 우주의 마음에서 발생되는가?
우주의 마음에서. 그러나 우주의 마음은 각 사람을 통해서만 나타날 수 있다.

각 사람이 필요한 것은 무엇 때문인가?
우주의 마음은 정지되어 있고, 그것을 움직이려면 에너지가 필요하기 때문이다. 음식이 공급되어 에너지로 바뀌고, 그러면 다시 사람이 생각할 수 있게 된다. 사람이 먹지 않으면 생각도 할 수 없다. 그러면 그는 더 이상 우주의 마음에 작용하지 못한다. 따라서 작용도 반작용도 사라지게 된다. 이렇게 되면 우주의 마음은 정지된 상태로, 쉬는 상태로 머물게 된다.

고요한 생각이 결국 모든 인간사의 가장 강력한 대행자이다.

| 채닝Channing |

스무 번째 7일

만물의 혼

1 어떤 존재의 영혼이 곧 그 존재이다. 영혼은 고정적이고 불변하며 영원하다. 당신의 영혼이 곧 당신이다. 당신은 영혼 없이 살아갈 수 없다. 영혼은 당신이 그 존재와 가능성을 인식할 때 활동하게 된다.

2 당신이 온갖 부를 갖고 있더라도 그것을 알지 못하여 쓰지 않는다면 아무런 쓸모도 없다. 영적인 부도 마찬가지이다. 그것을 알고 쓰지 않으면 아무 쓸모도 없다. 영적인 힘을 소유하는 유일한 조건은 그것을 인식하고 쓰는 것이다.

3 위대한 일은 모두 인식을 통해 이루어진다. 최고의 힘은 의식이고, 생각은 그것을 전달하는 사자使者이며, 이 사자는 내부 세계의 실상들realities을 쉼 없이 빚어내 외부 세계의 상황과 환경으로 바꾸고 있다.

4 인생의 참된 사업은 생각하기이다. 힘은 그 결과이다. 우리는 항상 생각과 의식의 마법 같은 힘을 사용하고 있다. 당신에게 주어진 힘에 무관심으로 일관하면서 어떤 결과를 기대할 수 있겠는가?

5 무관심으로 일관하는 한 당신은 스스로를 피상적인 여건에 국한시키는 셈이며 '생각하는 사람'들에게는 짐이 될 뿐이다.

생각하는 사람들이란 자신의 힘을 인식하는 사람들, 생각하지 않으면 일을 해야 한다는 것과 생각이 적을수록 일은 더 많고 결과는 더 적다는 것을 아는 사람들이다.

6 힘의 비결은 마음의 원칙, 힘, 방법, 조합 들을 완벽하게 이해하고, 우리가 우주의 마음과 어떤 관계에 있는지 완벽하게 이해하는 데 있다. 이러한 원리가 변하지 않는다는 걸 알 필요가 있다. 변한다면 의지할 수 없으리라. 모든 원리는 불변이다.

7 그 안정성이 우리에게는 기회이다. 당신은 우주의 마음이 활동할 통로이다. 우주의 마음은 각 사람을 통해서만 활동할 수 있다.

8 우주의 본질이 당신 안에 있음을 그리고 당신 자신임을 인식하기 시작할 때, 당신은 자신의 힘을 느끼기 시작할 것이다. 그 힘은 상상력에 불을 붙이는 연료가 되겠고, 영감의 횃불에 불을 밝히겠고, 생각에 활력을 주겠으며, 따라서 당신은 우주의 보이지 않는 모든 힘과 연결될 것이다. 바로 이 힘 덕택에 당신은 두려움 없이 계획하고 능숙하게 실행할 수 있다.

9 하지만 인식은 오직 고요함 속에서만 찾아온다. 고요함은 모든 원대한 목적의 필요 조건인 듯싶다. 우리는 영상화하는

존재이다. 상상은 당신의 일터이다. 당신은 바로 그곳에서 이상을 영상화해야 한다.

10 이 힘의 본질에 대한 완벽한 이해가 그것을 현실화하는 데 으뜸 조건이므로, 전체적인 방법을 다시 또다시 영상화해서 필요할 때 언제든지 사용할 수 있게 하라. 전능한 우주의 마음으로부터 언제든지 뜻대로 영감을 얻는 방법을 알면 무한한 지혜가 따라온다.

11 우리는 이 내부 세계를 인식하지 못하고, 그래서 의식에서 배제하는 경우도 있겠지만, 그렇다고 해도 이것이 모든 존재의 기본적인 진실임은 변하지 않는다. 이것을 자신의 내부에서뿐 아니라 타인의 내부에서, 그리고 사건과 사물과 환경에서도 인식하는 법을 배우게 되면, "너희 안에" 있다고 말했던 "하늘 나라"를 발견한 것이다.

12 실패도 똑같은 원칙이 적용된 결과이다. 원칙은 변하지 않고, 그 작용도 정확하며 차이가 없다. 부족함과 한계와 부조화를 생각하면, 우리는 모든 면에서 그 열매를 얻게 될 것이다. 가난과 불행과 질병을 생각하면, 생각이라는 전달자가 다른 생각을 전달할 때와 똑같이 그것들을 전달하고 그 결과도 분명하게 나타날 것이다. 재앙이 다가올까 두려워한다면, "두려워한

것이 나에게 찾아왔도다" 하고 말한 욥과 같이 될 것이다. 무정하고 무지하게 생각한다면, 무지의 결과를 끌어당기게 될 것이다.

13 올바로 이해하고 적용하면 이 생각의 힘은 지금껏 꿈꾸지 못한 최고의 '노동력 절감 장치'가 될 것이다. 하지만 이해하지 못하고 부적절하게 사용하면 결과는 이미 살펴본 바처럼 백발백중 재앙을 부를 것이다. 이 힘의 도움을 받으면 불가능해 보이는 일도 자신 있게 해낼 수 있다. 이 힘은 모든 영감과 재능의 비결이기 때문이다.

14 영감을 얻는다는 말은 지금까지의 방식에서 벗어나고 상투적인 길에서 벗어난다는 의미이다. 특별한 결과가 나오려면 특별한 방법이 필요하다. 만물이 하나임을 인식하고 모든 힘이 내부에서 나옴을 인식하면 우리는 영감의 원천을 열게 된다.

15 영감은 흡수의 기술이요 자아 실현의 기술이다. 우리 마음을 우주의 마음에 맞추는 기술이다. 적절한 메커니즘을 모든 힘의 근원에 적용하는 기술이다. 무형에서 외형을 만들어내는 기술이다. 무한한 지혜가 흐르는 통로가 되는 기술이다. 완벽함을 영상화하는 기술이다. 전능한 힘이 어디에나 있음을 깨닫는 기술이다.

16 무한한 힘이 어디에나 있고, 따라서 무한히 작은 것에나 무한히 큰 것 모두에 있다는 사실을 인식하고 이해하면, 우리는 그 정수를 흡수할 수 있다. 이 힘이 영혼이고, 따라서 보이지 않는다는 사실까지 이해하면, 동시에 그것이 모든 곳에 존재함을 느낄 수 있게 된다.

17 이러한 사실들을 먼저 지성으로 이해하고, 그런 뒤 감성으로 이해하면, 우리는 이 무한한 힘이라는 바다 깊은 곳에서 물을 마실 수 있다. 지적인 이해만으로는 도움이 되지 않을 것이다. 반드시 감정이 들어가야 한다. 감정이 없는 생각은 차갑다. 생각과 감정이 결합이 되어야 한다.

18 영감은 내부에서 나온다. 고요함 가운데 감각을 잠재우고 근육을 이완시키며 평정을 찾아야 한다. 그렇게 하여 평정과 힘을 느끼게 되면 목적을 이루기 위해 필요한 영감이나 지혜, 지식을 받을 준비가 될 것이다.

19 이 방식과 천리안을 혼동하지 말라. 둘은 전혀 다르다. 영감은 받아들이는 기술이며 삶의 모든 좋은 것에 도움이 된다. 우리가 할 일은 이 보이지 않는 힘이 우리를 다스리고 지배하도록 내버려두지 말고 우리가 이것들을 이해하고 지배하는 것이다. 힘은 봉사를 의미하고, 영감은 힘을 의미한다. 영감의 방

식을 이해하고 적용한다는 말은 초인이 된다는 의미이다.

20 의식적으로 그러한 의도를 갖고 숨을 쉰다면, 우리는 숨을 쉴 때마다 더욱 풍요롭게 살 수 있다. 이 경우 '한다면'이라는 조건이 매우 중요하다. 의도는 주의력을 지배하고 주의력이 없으면 다른 사람과 비슷한 결과만 얻을 것이기 때문이다. 공급은 수요에 따라가는 법이다.

21 더 많은 것을 공급받으려면 수요가 증가해야 하고, 의식적으로 수요를 늘리면 공급도 그에 따라갈 것이다. 그럴수록 당신은 생명과 에너지와 활력이 더 많이 공급됨을 느낄 것이다.

22 이렇게 되는 이유를 이해하기는 어렵지 않다. 그러나 많은 사람들이 아직 삶의 또 한 가지 핵심적인 수수께끼를 이해하지 못하는 것 같다. 이 수수께끼를 이해한다면 당신은 인생의 위대한 진실을 발견하게 될 것이다.

23 우리는 "그를 힘입어 살며 기동하며 있느니라"라고 배웠고, 또 '그'가 영이라고, 그리고 '그'가 사랑이라고 배웠다. 그러므로 숨쉴 때마다 우리는 이 사랑과 생명과 영을 들이쉬는 것이다. 이것이 프라나^{Prana} 에너지 혹은 프라나 에테르이다. 우리는 이것이 없이는 한시도 존재할 수 없다. 이것은 우주의

에너지요 태양신경총의 생명이다.

24 숨을 쉴 때마다 폐에는 공기가 차게 되며, 그와 동시에 생명 자체인 프라나 에테르가 우리 몸에 생명을 준다. 그래서 우리는 모든 생명, 모든 지능, 모든 원료와 의식적으로 만날 기회를 얻게 된다.

25 우리가 우주를 다스리는 이 원리와 연결되어 있고 또 하나라는 사실을 알고, 의식적으로 우주와 일체감을 갖는 간단한 방법을 알면, 질병이나 부족이나 한계에서 자유롭게 해줄 법칙을 과학적으로 이해하게 된다. 사실, 그렇게 되면 콧구멍으로 '생명의 숨'을 들이쉴 수 있게 된다.

26 이 '생명의 숨'은 초의식적인 실체이다. 그것은 '나'의 정수이다. 그것은 순수한 '존재', 곧 우주의 원료이다. 그와 의식적으로 하나가 되면, 그것을 한 대상에 집중시켜서 그 창조적 에너지의 힘을 사용할 수 있게 된다.

27 생각은 창조하는 진동이고, 따라서 창조된 조건들의 질은 생각의 질에 따르게 될 것이다. 힘이 없는데 힘을 표현할 수는 없기 때문이다. 우리는 먼저 어떤 '존재'가 되고 나서 뭔가를 '행'할 수 있고, 오직 그 존재의 능력만큼만 '행'할 수 있다.

따라서 우리의 행동은 반드시 우리가 어떤 존재인가와 일치하게 되고, 우리가 어떤 존재인가는 '생각'에 좌우된다.

28 당신은 생각할 때마다 그 생각과 정확히 같은 조건을 만들어낼 인과의 기차를 떠나보내는 것이다. 우주의 마음과 조화를 이루는 생각은 그에 따른 조건을 만들 것이다. 파괴적이거나 조화롭지 못한 생각은 그에 따른 결과를 만들 것이다. 우리는 건설적으로든 파괴적으로든 생각을 이용할 수 있지만, 법칙이 공평하므로 이것을 뿌리고 저것을 거두지는 못한다. 당신은 이 놀라운 창조의 힘을 자유롭게 사용해도 좋지만, 결과는 반드시 겪어야 한다.

29 이것이 이른바 '의지력'이라고 하는 것의 위험한 점이다. 어떤 사람은 의지의 힘으로 법칙을 지배할 수 있다고 생각하는 것 같다. 그러니까 어떤 것을 씨앗으로 심고 나서 '의지력'으로 그것과 다른 것이 열리도록 할 수 있다고 생각한다는 말이다. 하지만 창조력의 근본 원리는 (개인이 아닌) 우주의 것이다. 따라서 개인의 의지력으로 법칙을 자신의 소망에 맞출 수 있다는 생각은 잠시는 성공하는 듯 보일지 모르지만 결국은 실패할 수밖에 없는 그릇된 개념이다. 자신이 사용하려는 힘을 적으로 돌리는 꼴이 되기 때문이다.

30 이것은 개인이 우주를 상대로 강요하고 유한함이 무한함을 상대로 싸우려고 하는 것과 같다. 지속적인 행복을 얻는 제일의 방법은 커다란 전체의 지속적인 움직임과 의식적으로 협력하는 것이다.

31 이번에는 조용한 곳으로 가서 다음과 같은 사실에 집중하라. 즉 "우리가 그를 힘입어 살며 기동하며 있느니라"라는 말이 말한 내용 그대로 또 과학적으로 옳다는 사실에! 그가 존재하기에 당신이 존재하고, 그가 어디에나 존재한다면 당신 안에도 존재한다는 사실에! 그가 모든 이의 안에 있다면 당신도 그 안에 있는 것이 분명하다는 사실에! 그가 영이고 당신이 "그의 형상을 따라" 만들어졌으며 그의 영과 당신의 영은 단지 그 크기만 다를 뿐 바탕과 본질은 같을 수밖에 없다는 사실에! 이 점을 명확하게 깨달을 때, 당신은 생각의 창조력의 비밀을 발견하고, 선과 악 모두의 기원을 찾고, 집중의 놀라운 힘을 찾으며, 건강과 경제와 환경에 관한 모든 문제의 해결책을 찾게 될 것이다.

질문과
대답

힘은 어떤 조건에 좌우되는가?
인식하고 이용하는가에 좌우된다.

인식이란 무엇인가?
의식.

어떻게 하면 힘을 의식할 수 있나?
생각함으로써.

그렇다면 우리가 삶에서 해야 할 참된 일은 무엇인가?
바르고 과학적인 생각.

바르고 과학적인 생각은 무엇인가?
우리의 생각을 우주의 의지에 맞추는 능력이다. 다른 말로 하자면 자연의 법칙(순리)에 협력하는 것이다.

어떻게 이렇게 할 수 있는가?
마음의 원칙과 힘과 방법과 조합 들을 완벽하게 이해함으로써.

이 우주의 마음이란 무엇인가?

모든 존재의 근본.

모든 부족과 한계와 질병과 부조화의 원인은 무엇인가?

이것은 정확히 똑같은 법칙이 적용되기 때문이다. 이 법칙은 쉬지 않고 작용하면서 계속해서 조건들을 만들어내는데, 그것들은 우리가 했던 생각에서 비롯된다.

영감이란 무엇인가?

모든 것을 아는 존재가 어디에나 있음을 깨닫는 기술.

우리에게 나타나는 조건은 무엇에 좌우되는가?

생각의 질에 좌우된다. 우리의 행동은 우리가 어떤 존재인가에 좌우되고, 우리가 어떤 존재인가는 생각에 좌우되기 때문이다.

⚜

일관성 있고 싶고 명확하게 생각하는 능력은
실수와 잘못과 미신과 과학적이지 않은 이론과
불합리한 믿음과 방자한 열정과 광신에 대한 공공연한 천적이다.

| **해덕**Haddock |

스물한 번째 **7**일

크게 생각하자

1 힘의 진정한 비밀은 힘을 의식하는 데 있다. 우주의 마음에는 조건이 없다. 그러므로 우주의 마음과 일체감을 느낄수록 조건이나 한계를 덜 느끼게 되고, 조건에서 자유로워질수록 조건이 없는 사람으로 된다. 자유롭게 되는 것이다!

2 내부 세계의 고갈되지 않는 힘을 의식하는 순간 우리는 그 힘을 끌어당기기 시작하고, 이러한 분별로 생긴 더 큰 가능성을 적용하고 계발하게 된다. 무엇이든 의식하는 것은 변함 없이 물질 세계에 형태를 갖추어 나타나기 때문이다.

3 이는 만물이 생성되는 근원인 무한한 마음이 하나이고 분리되어 있지 않으며, 각 사람이 이 영원한 에너지가 흐르는 통로이기 때문이다. 생각하는 능력은 우주의 마음에 작용하는 능력이고, 생각하는 대상은 물질 세계에 창조되거나 만들어져 나타난다.

4 기적이라고 할 만한, 이 발견의 결과는 마음의 특성이 특별하고 마음의 경계가 무한히 넓으며 마음의 가능성이 끝없음을 의미한다. 이 힘을 의식한다 함은 '전기가 통하는 전선'이 된다는 뜻이다. 전기가 흐르는 전선을, 전기가 흐르지 않는 전선에 연결하는 효과가 나타난다는 말이다. 우주의 마음은 전기가 통하는 전선이다. 우주의 마음은 모든 사람의 삶에서 일어나는

온갖 상황을 처리할 만한 힘을 갖고 있다. 사람의 마음이 우주의 마음에 닿으면 필요한 모든 힘을 받게 된다. 이것이 내부 세계이다. 모든 과학은 내부 세계의 존재를 인식하고 있고, 모든 힘은 이 세계를 인식하는가에 좌우된다.

5 불완전한 조건을 없애는 능력은 정신 활동에 좌우되고, 정신 활동은 힘을 의식하는가에 좌우된다. 그러므로 모든 힘의 공급원과 자신이 하나임을 더 많이 의식할수록 모든 조건을 다스리고 지배할 수 있는 힘은 더 커지게 마련이다.

6 큰 생각은 작은 생각을 없애는 성향이 있으므로, 작거나 바람직하지 않은 생각을 없애거나 중화시키도록 큰 생각을 품는 편이 좋다. 이렇게 하면 헤아릴 수 없이 많은 작고 거슬리는 장애물들이 사라지리라. 또 당신은 더 큰 생각의 세계를 의식하게 되고, 그럼으로써 마음의 능력도 커지고 동시에 중대한 일을 성취할 수 있게 된다.

7 이것이 성공의 비결 가운데 하나이고, 승리를 만들어내는 방법 가운데 하나이며, 거장들이 이룩한 것 중 하나였다. 거장은 크게 생각한다. 마음의 창조 에너지에게는 작은 일이나 큰 일이나 마찬가지이다. 우주의 마음은 무한히 큰 것에나 무한히 작은 것에나 똑같이 존재한다.

8 마음의 이런 측면을 깨닫는다면, 우리는 의식 속에서 원하는 조건들을 만들어냄으로써 어떤 조건이라도 창조하는 법을 이해하게 된다. 일정 시간 의식에 담아둔 생각은 결국 잠재 의식에게 각인되고, 따라서 창조의 에너지가 우리의 삶과 환경에 만들어낼 패턴을 형성하기 때문이다.

9 이렇게 해서 조건들이 형성된다. 그러므로 우리의 삶은 단순히 우리가 주로 하는 생각, 곧 마음가짐이 반영된 것에 지나지 않음을 알 수 있다. 그러므로 바른 생각의 과학은 다른 모든 과학을 아우르는 과학임을 알 수 있다.

10 이 과학에서 우리는 모든 생각이 뇌에 인상을 남기고, 이런 인상들이 마음의 성향을 결정하고, 이 성향은 우리의 성격과 능력과 목적을 형성하고, 성격과 능력과 목적이 더해져서 우리가 살면서 겪는 경험들을 결정한다는 점을 배운다.

11 이 경험들은 끌이당김의 법칙에 의해 우리에게 다가온다. 이 법칙의 작용으로 우리는 내부 세계의 경험과 동일한 경험을 외부 세계에서 하게 된다.

12 우리가 주로 하는 생각 혹은 마음가짐은 자석과도 같으니 '유유상종'의 법칙을 따른다. 따라서 마음가짐은 그에 어울리

는 조건을 끌어당길 수밖에 없다.

13 이 마음가짐은 우리의 인격이며, 마음속에서 만든 생각들로 이루어진다. 그러므로 조건들을 바꾸고 싶다면 생각을 바꾸기만 하면 된다. 이렇게 하면 다시 마음가짐이 바뀌고, 이것이 다시 인격을 바꾸며, 다시 우리에게 다가오는 사람과 사물과 조건과 경험이 바뀌게 된다.

14 마음가짐을 바꾸는 일은 쉽지가 않다. 그러나 꾸준히 노력하면 이룰 수 있다. 마음가짐은 우리가 뇌에 찍었던 마음의 사진들을 따라 만들어진다. 사진이 마음에 들지 않으면 필름을 폐기하고 새로운 사진을 찍으면 된다. 그것이 바로 영상화의 기법이다.

15 이렇게 하는 순간 당신은 새로운 것들을 끌어당기기 시작할 테고, 그것들은 당신이 그린 새로운 그림들에 상응하게 될 것이다. 이렇게 하면 된다. 당신이 얻었으면 하고 바라는 소망을 마음에 완벽한 그림으로 그리고, 그것을 얻을 때까지 마음속에 그림을 간직하라.

16 당신의 소망이 결단력, 능력, 재능, 용기, 힘 혹은 다른 영적인 힘을 요하는 경우에는 그것들이 그림에 꼭 필요하다. 그

림 안에 넣도록 하라. 그것들은 그림의 핵심적인 부분이다. 그것들은 '감정'으로서, 생각과 합해져서 당신에게 필요한 것들을 잡아당기는, 거부할 수 없는 자력을 띤다. 그것은 그림에 생명을 줄 것이며, 생명은 곧 성장을 의미하므로, 성장하기 시작하는 순간 결과는 거의 확실하다.

17 당신이 하려는 일이 무엇이든 되도록 최고의 것을 성취하겠다는 포부를 갖는 데 주저하지 마라. 마음의 힘은, 뜻을 세운 사람이 그 최고의 포부를 행동과 업적과 사건으로 만들어내도록 돕기 위해 늘 준비된 상태로 기다리고 있기 때문이다.

18 이 마음의 힘이 어떻게 작용하는지에 대한 예는 습관의 형성 과정에서 잘 드러난다. 습관을 들일 때 우리는 뭔가를, 그 일이 쉬워져 거의 저절로 이루어질 때까지 하고, 다시 하고, 또 다시 한다. 좋지 못한 습관을 근절하는 데에도 똑같은 법칙이 적용된다. 한 번 피하고, 또 피하고, 다시 피해서 마침내 완전히 자유로워질 때까지 하는 것이다. 가끔 실패한다고 하더라도 희망을 잃을 필요는 없다. 법칙은 절대적이고 실패하는 법이 없으며 어떤 노력이나 성공에 대해서도 보상을 해주기 때문이다. 비록 노력이나 성공이 완전하지 못하다고 해도.

19 이 법칙을 통해 당신이 할 수 있는 일에는 한계가 없다. 이

상을 대담하게 믿어라. 자연은 이상을 따라 변하는 법임을 기억하라. 당신의 이상이 이미 이루어진 사실이라고 생각하라.

20 인생의 진정한 싸움은 생각의 싸움이다. 이것은 소수가 다수에 맞서는 싸움이다. 한편에는 건설적이고 창조적인 생각이, 다른 한편에는 파괴적이고 부정적인 생각이 있다. 창조적인 생각을 다스리는 것은 이상이고, 수동적인 생각을 다스리는 것은 외형이다. 양편 모두에 과학자, 문인, 유명인 들이 있다.

21 창조적인 쪽에는 연구실에서, 또는 망원경이나 현미경을 들여다보면서 시간을 보내는 사람과, 산업과 정치와 과학계를 지배하는 사람들이 있다. 부정적인 편에는 법과 판례를 조사하느라 시간을 보내는 사람과, 신학을 종교로 착각하는 사람과, 힘과 정의를 혼동하는 정치가와, 앞이 아니라 뒤만 한없이 바라보며 발전보다 과거를 좋아하는 수백만의 사람들, 외부 세계만 보고 내부 세계는 알지 못하는 사람들이 있다.

22 앞의 분석에서 보듯 두 부류만 존재한다. 사람은 누구나 둘 중 한쪽을 택해야 한다. 앞으로 가거나 뒤로 가야 한다. 만물이 움직이는 세상에서 정지란 불가능하기 때문이다. 정지하려 할 때 불규칙하고 무작위적인 법칙에 힘과 권위를 주게 된다.

23 우리가 과도기에 있다는 사실을 보여주는 증거는 어디서나 명백하게 보이는 불안감이다. 인류의 불평은 하늘의 대포 소리처럼, 낮고 위협적인 음조로 시작해 구름 사이로 옮겨다니다가 마침내 번개가 하늘과 땅을 갈라놓을 때까지 커져간다.

24 산업과 정치와 종교가 가장 발전한 전초 부대의 감시병들은 걱정스레 서로를 부르고 있다. 밤에는 어떤가? 그들이 차지한 자리의 위험함과 불안정함, 그리고 그곳을 사수하려는 노력은 매 순간 더욱 분명해지고 있다. 새로운 시대의 여명은 현재의 질서가 더 이상 오래 견딜 수 없다고 선포한다.

25 낡은 체제와 새로운 체제 사이의 문제, 즉 사회 문제의 요점은 우주의 본질에 관해서 사람들이 마음속으로 확신을 갖고 있는가에 전적으로 좌우된다. 사람들이 우주의 마음의 초월적인 힘이 모든 사람의 내부에 있음을 깨달을 때, 소수의 특권이 아니라 다수의 자유와 권리를 생각하는 법률 입안이 가능할 것이다.

26 사람들이 우주의 힘을 비인간적이며 인류와는 동떨어진 존재로 여기는 한, 가상의 특권 계층이 신이 부여한 권리를 가지고 다스리기가 온갖 사회적 저항에도 불구하고 더 쉬울 것이다. 그러므로 민주주의의 진정한 이로움은 인간 영혼의 신성함

을 드높이고 해방하고 인정하며 모든 힘이 내부에서 옴을 인식하는 데 있다. 어느 누구도 다른 사람보다 더 큰 힘을 갖지 않음을 아는 데 있다. 자의自意로 힘을 위임받기 전에는 말이다. 낡은 체제에서는 법률이 법률 제정자보다 우월하다고 믿게 했었다. 이것이 신이 택해 준 숙명을 따라야 한다는 원칙을 제도화한, 모든 형태의 특권과 불평등이라는 사회악의 골자이다.

27 신의 마음은 우주의 마음이다. 그것은 누구도 예외로 두지 않고 어느 한쪽에게도 편을 들지 않는다. 단순한 변덕이나 분노나 질투에 의해 행동하지 않는다. 신의 마음에 아부하거나 위압을 가하거나 또는 동정심을 불러일으키거나 청원을 넣어 자신의 행복이나 생존에 필요하다고 여기는 것을 얻는 일도 불가능하다. 우주의 마음은 특정 개인을 봐주거나 예외를 두지 않는다. 그러나 누군가 우주의 원리와 자신이 하나임을 깨닫고 이해하면 그 사람에게는 특권이 주어지는 듯이 보인다. 그가 건강과 부와 힘의 근원을 찾게 될 테니 말이다.

28 이번에는 진리에 집중하라. 진리가 우리를 자유롭게 하리라는 것을 깨달아라. 다시 말해서 과학적으로 올바른 생각의 방법과 원칙을 적용할 줄 아는 사람의 완전한 성공을 영구히 가로막을 것은 아무것도 없음을 깨달아라. 당신이 내재된 영혼의 잠재력을 외부로 드러내고 있음을 깨달아라. 고요함이 진리

의 가장 고차원적인 개념을 일깨워줄 무한한 기회를 제공한다는 사실을 깨달아라. 전능한 존재는 절대적인 고요함이며, 다른 모든 것은 변화하고 움직이며 제한적임을 이해하고자 노력하라. 따라서 고요한 상태에서 생각을 집중하는 일은 내부 세계의 놀라운 가능성에 다가가고, 그것을 일깨워 외부로 나타나게 하는 일이다.

질문과
대답

힘의 진정한 비밀은 무엇인가?
힘을 의식하는 것이다. 무엇이든 의식하는 것은 변함 없이 물질세계에 형태를 갖추어 나타나기 때문이다.

이 힘의 근원은 무엇인가?
우주의 마음. 여기서 모든 것이 만들어진다. 우주의 마음은 하나이며 나뉠 수 없다.

이 힘은 어떻게 외부에 나타나는가?
각 사람을 통해서 나타난다. 각 사람은 이 에너지가 외형을 갖게 되는 통로이다.

이 전능한 힘에 연결되는 방법은 무엇인가?
생각하는 능력이 곧 우주의 에너지에 작용하는 능력이다. 우리의 생각이 외부 세계에 나타나게 된다.

이 발견의 결과는 무엇인가?
지금까지 없었던 무한한 기회를 열어준다.

그렇다면 어떻게 해야 불완전한 조건을 없앨 수 있는가?
모든 힘의 근원과 우리가 하나임을 의식하면 된다.

위인(거장)의 눈에 띄는 특성은 무엇인가?
사소하고 성가신 장애물들을 없애버릴 정도로 큰 생각을 품는다.

경험은 어떻게 우리에게 다가오는가?
끌어당김의 법칙을 통해 다가온다.

이 법칙은 어떻게 작용하게 되는가?
평소에 하는 생각, 곧 마음가짐에 의해.

낡은 체제와 새로운 체제 사이의 문제는 무엇인가?
우주의 본질에 대한 확신이 있는가 하는 점. 낡은 체제는 신이 부여한 권리라는 숙명론적인 원칙을 고수하려고 한다. 새로운 체제는 각 사람의 신성을 인식하고 인류의 평등을 말한다.

생각의 훈련의 가능성은 무한하고 그 결과는 영원하다.
그러나 생각을 자신에게 득이 되는 통로로 삼으려는 자는 드물다.
대개는 운에 맡겨버린다.

| 마든Marden |

스물두 번째 7일

영적인 씨앗

1 지식의 가치는 무한하다. 지식을 응용하면 원하는 미래를 만들 수 있기 때문이다. 현재 자신의 성격, 환경, 능력, 신체 조건이 모두 과거 사고 방식의 결과임을 깨달을 때, 우리는 지식의 가치를 어느 정도 이해하게 될 것이다.

2 현재 건강 상태가 별로 좋지 않다면 사고 방식을 분석해 볼 필요가 있다. 모든 생각이 마음에 인상을 남긴다는 점을 잊지 말자. 모든 인상은 잠재 의식으로 가라앉아 하나의 성향을 형성할 씨앗이 된다. 성향은 유사한 생각들을 끌어당기고, 우리가 알기도 전에 추수해야 할 곡식이 열리게 된다.

3 생각에 질병의 싹이 들어 있다면 우리는 병과 쇠퇴와 연약함과 실패를 거두게 될 것이다. 문제는 우리가 무엇을 생각하는가, 무엇을 창조하는가, 무엇을 추수할 것인가이다.

4 바꾸어야 할 신체 조건이 있다면 영상화의 법칙으로 효과를 볼 수 있다. 신체적으로 완전한 그림을 마음속으로 그리되, 그것이 잠재 의식에 흡수될 때까지 간직하라. 이 방법으로 몇 주 만에 만성적인 병을 없앤 사람이 매우 많다. 또 수많은 사람이 이 방법으로 평범한 신체 장애를 며칠 만에, 심지어는 몇 분 만에 없애기도 했다.

5 마음은 바로 진동의 법칙을 통해서 몸을 다스린다. 모든 정신 활동은 진동을 일으키고, 모든 외형은 단지 일종의 움직임, 하나의 진동수이다. 그러므로 어떤 진동이라도 즉시 몸의 모든 원자들을 바꾸고, 모든 세포에 영향을 주며, 따라서 모든 세포 단위에 화학 변화가 일어나게 된다.

6 우주의 모든 것은 진동수에서 비롯된다. 진동수를 바꾸면 특성과 외형과 기질이 달라진다. 보이는, 또 보이지 않는 자연의 거대한 파노라마는 단지 진동수를 바꿈으로써 계속 변화하고 있다. 생각 역시 하나의 진동이므로 우리도 이 힘을 활용할 수 있다. 우리는 진동을 바꾸고, 그럼으로써 원하는 신체 조건을 만들 수 있다.[1]

7 우리 모두는 매 순간 이 힘을 사용하고 있다. 문제는 대다수가 무의식적으로 사용하고, 따라서 원하지 않는 결과만 얻는다는 점이다. 이것을 어떻게 지혜롭게 활용하여 원하는 결과를 얻을 것인가가 관건이다. 이것은 어렵지 않다. 우리는 어떤 것이 신체에 유쾌한 진동을 만들어내는지 알 만큼 경험을 했고, 불쾌하고 거슬리는 느낌을 주는 것이 무엇인지도 알고 있다.

---

[1] 물질을 분해해 보면 결국에 이르게 되는 것이 '에너지'인데, 이 에너지의 진동 또는 파동에 따라 각각의 원자가 구성된다고 한다.—옮긴이

8 필요한 것은 자신의 경험에서 배우는 일뿐이다. 우리 생각이 고양되어 있고, 진취적이고, 건설적이고, 용감하고, 고귀하고, 친절하며, 바람직한 것이라면, 확실한 결과를 만들어낼 진동을 일으킨 셈이다. 생각이 질투와 시기, 증오, 비판, 기타 수많은 조화롭지 않은 것들로 가득하다면, 우리는 앞에서와는 다른 분명한 결과를 만들어낼 진동을 일으킨 셈이다. 각각의 진동수가 계속 유지되면 외형으로 결정화된다. 첫 번째 경우에는 마음과 도덕, 신체의 건강이 결과가 되겠고, 두 번째 경우에는 부조화와 질병이 그 결과가 되겠다.

9 그러므로 우리는 마음이 신체에 미치는 힘에 대해서 이해할 수 있다.

10 의식이 신체에 영향을 미친다는 사실은 쉽게 알아볼 수 있다. 어떤 사람이 우스꽝스러운 말을 해서 당신이 온몸이 흔들릴 정도로 웃는다면, 이것은 생각이 몸의 근육을 지배한다는 사실을 보여준다. 또 만일 어떤 사람이 동정심을 자극하여 당신 눈에 눈물이 고인다면, 이는 생각이 당신의 내분비선을 지배한다는 사실을 보여준다. 또 만일 어떤 사람이 화나게 하는 말을 하여 당신 얼굴이 붉어진다면, 이는 생각이 혈액 순환을 지배한다는 사실을 보여준다. 그러나 이런 경험들은 모두 의식의 활동이 신체에 미치는 결과들이므로 일시적이다. 이것들은

금세 사라져서 전과 같은 상태가 된다.

11 이제 잠재 의식의 활동이 몸에 미치는 영향이 어떻게 다른지 보자. 당신이 상처를 입는다. 그러면 수천 개의 세포가 곧바로 상처를 치료하는 작업에 들어간다. 며칠 또는 몇 주가 지나면 작업이 완료된다. 당신은 뼈가 부러질지도 모른다. 어떤 외과의도 부러진 뼈를 붙게 하지는 못한다. 의사가 뼈를 맞춰주면 잠재 의식이 곧바로 부러진 부분을 붙이는 작업을 시작하고, 얼마 지나지 않아 뼈는 예전처럼 단단해진다. 또 당신은 독을 삼킬지도 모른다. 잠재 의식은 곧바로 위험을 감지하고 그 독을 제거하기 위해 격렬하게 움직일 것이다. 또 당신은 위험한 세균에 감염될 수도 있다. 잠재 의식은 곧바로 감염된 부위를 벽으로 감싸고 거기에 백혈구를 보내어 감염된 것을 흡수, 파괴하게 할 것이다.

12 이런 잠재 의식의 과정은 우리가 알지 못해도, 또 지시하지 않아도 저절로 일어나는 경우가 일반적이고, 특별히 방해만 하지 않는다면 완벽한 결과를 만들어낸다. 그러나 수백만 개의 회복 세포가 모두 지능을 가지고 우리 생각에 반응하므로, 우리가 두려움, 의심, 불안 등을 생각하다 보면 마비되거나 힘을 잃는 경우도 많다. 한 무리의 일꾼들이 모여서 중요한 일을 할 준비가 되었는데, 시작할 때마다 파업에 들어가거나 계획이 바

뛰어서 결국 실망하고 포기하고 마는 경우와 같다.

13 건강함에 이르는 길은 진동의 법칙에 좌우된다. 진동의 법칙은 모든 과학의 기반이고, 마음 곧 '내부 세계'로 인해 작동하기 시작한다. 이는 각자의 노력과 훈련의 문제이다. 힘의 세계는 내부에 있다. 현명한 사람이라면 '외부 세계'에서 결과를 바꾸려고 애쓰느라 시간과 노력을 낭비하지 말아야 한다. 외부 세계는 단지 그림자일 뿐이다.

14 우리는 늘 '내부 세계'에서 원인을 찾아야 한다. 원인을 바꾸면 결과가 바뀐다.

15 몸의 모든 세포는 지능이 있고 우리의 지시에 반응한다. 세포는 모두 창조적이며, 당신이 주는 패턴 그대로를 만들 것이다.

16 그러므로 완벽한 그림을 잠재 의식에 각인하면, 창조의 에너지가 완벽한 신체를 만들어낼 것이다.

17 뇌세포도 같은 방식으로 만들어진다. 뇌의 기질은 마음 상태 혹은 마음가짐을 따라가므로, 바람직하지 않은 마음가짐이 잠재 의식에 운반되면 이것이 다시 온몸으로 전달된다. 그러므

로 건강과 힘과 활력을 원한다면 그것을 주로 생각해야 한다는 것을 쉽게 알 수 있다.

18 그렇다면 신체의 모든 원소는 진동수의 결과임을 깨달을 수 있다.

19 우리는 정신 활동이 하나의 진동수를 갖는다는 사실을 알고 있다.

20 알다시피 더 높은 진동수가 낮은 진동수를 지배하고, 바꾸고, 다스리고, 변화시키거나 파괴한다.

21 또한 진동수는 뇌세포의 특성에 따라 달라진다.

22 마지막으로 우리는 이 뇌세포를 만드는 방법을 안다.

23 그러므로 우리는 원하는 신체 조건이 무엇이든 그것을 만드는 방법을 안다. 마음의 힘에 대한 실질적인 지식을 이만큼 알고 나면, 전능한 자연의 법칙과 조화를 이루는 능력에는 실질적으로 한계가 없음을 알 수 있다.

24 이렇게 마음이 몸에 영향을 미친다는 사실을 점점 더 많은

사람들이 받아들이고 있고, 상당수 의사들도 이에 각별한 관심을 기울이는 추세이다. 이 주제와 관련해 중요한 책을 여러 권 집필한 앨버트 쇼필드Albert T. Shofield 박사는 이렇게 말했다. "심리 치료라는 주제는 아직도 의료계 일반에서는 무시되고 있습니다. 우리 생리학에서는 몸을 제어하는 핵심적인 힘에 대해 언급하지도 않고, 마음이 몸을 지배한다는 점에 대해서도 거의 말하지 않습니다."

25 물론 많은 의사들이 기능이 문제가 되어 생기는 신경성 질환들은 현명하게 치료한다. 그러나 우리가 말하는 것은 심리 치료의 지식이 어떤 학교나 책에서도 배울 수 없는 직관적이고 경험적인 지식이라는 점이다.

26 이것을 이대로 두어서는 안 된다. 심리 치료의 힘은 모든 의학계에서 조심스럽고 각별하게 또 과학적으로 가르쳐야 할 분야이다. 우리는 치료가 잘못되고 있거나 미흡한 부분에 대해 더 면밀히 조사하여, 간과된 사례들의 무서운 결과들을 보여줄 수도 있다. 하지만 그것은 기분 나쁜 일이다.

27 물론 스스로에게 뭔가 해줄 수 있다는 사실을 아는 환자는 매우 드물다. 환자가 자신에게 무엇을 할 수 있는지, 자기가 움직일 수 있는 힘이 무엇인지는 아직 알려지지 않았다. 우리는

그것이 상상하는 것보다 훨씬 크고 분명 더 많이 이용될 거라고 믿는다. 심리 치료를 환자 스스로 적용함으로써 흥분된 마음을 차분하게 할 수 있다. 즉 기쁨과 희망과 믿음과 사랑의 감정을 일으킴으로써, 또 노력해야 할 동기를 부여하고, 규칙적으로 마음을 훈련하고, 병에 대한 생각을 없애버림으로써.

28 이번에는 테니슨이 쓴 아름다운 시구에 마음을 모아보자.

29 "그대여, 그에게 말하라, 그가 듣나니,
또 영과 영은 만날 수 있나니.
숨결보다 더 가까이
손발보다 더 가까이 그가 있나니."

30 그런 뒤 "그에게 말할" 때 전능한 힘과 연결된다는 점을 깨달으려 해보자.

31 이 무소부재한 힘을 깨닫고 인식하면 모든 질병과 고통이 곧 사라지고 조화와 완전함이 찾아올 것이다. 병과 고통이 신이 보낸 것이라 여기는 이도 있음을 기억하자. 만일 그렇다면, 모든 내과의와 외과의와 적십자 간호사는 신의 뜻을 저버리는 셈이고, 병원과 요양소도 자비가 아닌 반항의 공간이 되고 만다. 물론 이 논리는 어리석은 것임이 금방 드러나게 되지만, 그

런데도 이 생각을 고수하는 사람이 많다.

32 최근까지도 신학에서는 불가능한 조물주, 그러니까 죄 지을 존재를 창조하고서는 그 죄 때문에 영원한 벌을 내리는 조물주를 가르치려고 해왔다는 사실을 생각하자. 물론 그런 엄청난 무지가 빚은 결과는 사랑이 아니라 두려움이었다. 그래서 2천 년 동안이나 이런 식으로 선전을 해온 신학계는 이제 기독교국을 변호하느라 바쁘다.

33 이제 당신은 이상적인 인간, 신의 형상을 따라 만들어진 인간을 더 쉽게 받아들일 수 있을 것이고, 만물을 창조하고 유지하고 발생시키는 우주의 마음을 더 쉽게 받아들일 수 있을 것이다.

질문과
대답

어떻게 병을 없애는가?

전능한 자연의 법칙과 조화를 이룸으로써.

그 과정은 어떤 것인가?

인간이 영적 존재임을 깨닫고 영혼이 완전하다는 점을 아는 것.

그 결과는 무엇인가?

이 완전함을 의식적으로 인식하면(먼저 이성적으로 그런 뒤 감성적으로) 그것을 나타나게 할 수 있다.

어째서 그런가?

생각은 영적이고, 따라서 창조적이며, 그 대상과 연결되어 외부 세상에 나타나게 하므로.

어떤 자연의 법칙이 작용하게 되는가?

진동의 법칙.

왜 이 법칙이 지배하는가?

더 높은 진동수가 낮은 진동수를 지배하고 바꾸고 다스리고 변화시키고 파괴하기 때문이다.

이 심리 치료 방식이 일반적으로 인식되고 있나?
그렇다. 이 나라에만 해도 말 그대로 수백만의 사람들이 이런저런 방식으로 활용하고 있다.

이러한 사상 체계의 결과는 무엇인가?
온 세상에 급속도로 퍼지는 입증 가능한 진리가, 세계 역사상 최초로, 최고의 지성을 일깨워줄 수 있게 되었다.

이 시스템을 다른 것을 얻는 데도 사용할 수 있나?
모든 요구와 필요에 사용할 수 있다.

이 시스템은 과학적인가 아니면 종교적인가?
양쪽 다이다. 참된 과학과 종교는 쌍둥이 자매이므로 하나가 가는 곳에 다른 하나도 따라간다.

> 모든 것은 거대한 전체의 부분일 뿐이며,
> 전체의 본질은 신과 영혼이다.
>
> | 포프Pope |

스물세 번째 7일

성공의 법칙은
봉사이다

1 부의 의식은 하나의 마음가짐이다. 그것은 상업의 동맥으로 들어가는 열린 문이다. 그것은 수용적인 태도이다. 욕구는 흐름을 움직이게 하는 인력이고, 두려움은 흐름을 정지시키거나 반전시켜 우리에게서 멀어지게 하는 커다란 장애물이다.

2 두려움은 부의 의식과 정반대이다. 그것은 가난의 의식이다. 법칙은 변하지 않으므로 우리는 주는 그대로를 받는다. 두려워하면 두려워한 것을 얻는다. 부는 우리 존재에 속속들이 스며 있어서 떼어낼 수 없다. 최고로 총명하다는 사람들도 마찬가지다.

3 우리는 친구를 사귐으로써 돈을 벌고, 친구들에게 돈을 벌게 해주며, 봉사해 주고, 친구들을 도와줌으로써 더 많은 사람과 친구가 된다. 그러므로 성공의 첫 번째 법칙은 봉사이다. 이것은 다시 성실과 정의에 바탕을 둔다. 최소한 의도만이라도 정당하지 않은 사람은 한마디로 무지한 사람이다. 그는 모든 주고받음의 근본 법칙을 놓치고 있다. 성공할 리 없다. 반드시, 확실히 실패할 것이다. 자신은 이것을 모르고 이길 거라 생각할지 모르지만 반드시 패배한다. 무한한 존재를 속일 수는 없는 법이다. 주고받음의 법칙은 그에게 눈에는 눈을, 이에는 이를 줄 것이다.

4 인생의 기세는 변동한다. 그것은 생각과 이상으로 이뤄지는데, 생각과 이상은 다시 외형으로 나타나게 된다. 우리는 마음을 열고, 끊임없이 새로운 것을 향해 손을 뻗고, 기회를 알아보며, 목표가 아니라 경주 자체에 관심을 가져야 한다. 즐거움은 소유하는 것이 아니라 추구하는 데 있다.

5 당신은 스스로 돈을 끌어당기는 자석이 될 수 있지만, 그러려면 먼저 다른 사람들에게 어떻게 돈을 벌게 해줄지 생각해야 한다. 기회와 유리한 상황을 인식하고 활용할 통찰력과, 가치를 알아볼 안목이 있다면, 당신은 그것들을 활용할 수도 있다. 하지만 다른 사람을 도와줄 때 가장 크게 성공하리라. 한 사람에게 도움이 되는 일은 모두에게 도움이 되어야 한다.

6 후한 생각은 힘과 생명력으로 가득하지만, 이기적인 생각은 파멸의 균으로 가득하다. 이기적인 생각은 분해되어 사라질 것이다. 모건^{Morgan}과 같은 자산가들은 단지 부를 분배하는 통로일 뿐이다. 막대한 금액이 오고 가지만, 수입은 있는데 지출은 막는다면 위험한 일이 될 것이다. 양쪽 모두 열려 있어야 한다. 마찬가지로 받는 일만큼이나 주는 것도 필수임을 깨달을 때 최고의 성공을 이룰 것이다.

7 무엇이든 공급해 주는 전능한 힘을 인식하면, 우리는 자신

의 의식을 여기에 맞추어서 필요한 모든 것을 끌어당길 테고, 더 많이 줄수록 더 많이 받는다는 사실을 알게 될 것이다. 이런 의미에서의 주기giving는 봉사를 뜻한다. 은행가는 돈을 주고, 상인은 물건을 주고, 작가는 생각을 주고, 일꾼은 기술을 준다. 누구에게나 뭔가 줄 것이 있다. 그러나 더 많이 줄수록 더 많이 받게 되고, 더 많이 받으면 다시 더 많이 줄 수 있다.

8 자산가는 많이 베풀기 때문에 많이 받는다. 그는 생각한다. 누군가 자기를 대신해서 생각해 주기를 바라는 일이 거의 없다. 결과를 얻는 방법이 무엇인지 알고 싶어한다. 당신은 그에게 그 방법을 꼭 보여주어야 한다. 그렇게 할 수 있다면 그는 수백, 수천에게 이득이 될 수단을 제공해 줄 테고, 그들이 성공한 만큼 그도 성공하게 된다. 모건, 로커펠러, 카네기 등은 다른 사람을 위해 손해를 봤기 때문에 성공한 것이 아니다. 오히려 다른 사람들을 위해 돈을 벌었기 때문에 지상 최고의 부자가 되었다.

9 평범한 사람들은 전혀 깊이 생각하지 않는다. 다른 사람들의 생각을 받아들이고 그것을 앵무새처럼 따라한다. 이것은 여론이 형성되는 방식을 보면 쉽게 이해가 간다. 대다수 순진한 사람들은 몇몇 사람이 자기들을 대신해 온갖 생각을 다해도 전혀 개의치 않아 하는데, 바로 그 때문에 수많은 나라에서 소수

의 사람들이 권력의 모든 수단을 빼앗고 수백만의 사람들을 지배한다. 창조적인 생각에는 집중이 필요하다.

10 주의력은 집중이라고도 한다. 이 힘은 의지에서 나온다. 그렇기에 우리는 반드시 바라는 것 외에는 생각도 집중도 하지 않아야 한다. 많은 사람들이 끊임없이 슬픔과 손해와 불화 따위에 집중한다. 생각은 창조하는 법이므로, 이런 생각에 집중하게 되면 반드시 더 많이 손해를 보고, 더 많이 슬퍼지고, 더 많이 불화하게 된다. 그럴 수밖에 없지 않은가? 이와 반대로 성공과 이득, 기타 좋은 상황을 맞게 되면 자연스럽게 그런 결과에 집중하게 되고, 그리하여 더 많이 창조하게 되니, 결국 더 많이 얻게 된다.

11 이 원칙을 이해하면 사업 세계에서 어떻게 도움이 되는지, 앳킨슨Atkinson이 《진보 사상*Advanced Thought*》에서 잘 말한 바 있다.

12 "영, 혹은 뭐라고 부르든지 간에, 그것은 의식의 정수, 마음의 알맹이, 생각의 밑바닥에 깔린 실체라고 봐야 한다. 모든 아이디어는 의식 또는 정신 활동이므로, 영에서, 오직 영에서만 절대적인 사실, 실체, 혹은 아이디어를 얻을 수 있다."

13 이 점을 인정한다면, 영혼을 진정으로 이해하고 그것이 세상에 나타나는 법칙을 이해하는 일은 '실질적인' 사람이 바랄 만한 가장 '실질적인' 일이 아니겠는가? 세상의 '실질적인' 사람들이 이 사실을 이해하기만 한다면, 영적인 것과 법칙을 얻을 수 있는 곳으로 가려고 열과 성을 다하지 않겠는가? 사람들은 바보가 아니다. 이 근본적인 사실을 알기만 하면 온갖 성공의 정수가 있는 방향으로 움직일 것이다.

14 분명한 예를 하나 들어보자. 시카고에 지인이 한 사람 있는데, 필자는 늘 그가 물질주의적이라고 생각했다. 그 사람은 성공도 몇 번 했지만 실패도 몇 번 했다. 마지막으로 만나 대화를 나눌 때는 거의 '몰락' 한 상태였다. 지난날의 상황에 비교하면 말이다. 그 사람은 정말로 벼랑 끝에 선 것처럼 보였다. 벌써 중년에 접어든 지가 꽤 되었고 착상도 예전에 비해서 더뎌졌으니 말이다.

15 그가 한 말의 요지는 이러했다. "사업에서 모든 일을 '이루어내는' 것이 생각의 결과라는 점은 압니다. 그건 바보라도 알 거예요. 근데 이제 내게는 생각이나 좋은 착상이 떠오르지 않는 것 같습니다. 하지만 이 '우주의 마음'에 대한 가르침이 옳다면, 각각이 무한한 마음과 '직접 연결될 수 있다'는 거 아니겠습니까? 그리고 무한한 마음에는 나 정도의 경험과 용기

가 있는 사람이라면 실제로 사업에 적용할 온갖 좋은 아이디어가 있어야 한다고 생각합니다. 그걸로 크게 성공할 수 있겠죠. 좋은 것 같아 배워볼 생각입니다."

16 이것이 몇 년 전의 일이었다. 엊그제 이 사람에 대한 이야기를 듣게 되었다. 나는 한 친구와 대화를 나누다가 이렇게 말했다. "그 친구 어떻게 됐나? 다시 기반을 좀 잡았나?" 그러자 친구가 놀라면서 말했다. "무슨 소리야. 그 친구 성공한 거 못 들었나? 그 친구 '○○회사'의 대표야. (친구는 지난 18개월 동안 그가 이룬 놀라운 성공담과, 광고에 힘입어 전국에서만이 아니라 세계적으로도 유명해진 이야기를 들려주었다.) 그 친구의 아이디어 덕분이라더군. 이제 순이익이 50만 달러나 되고, 금방 백만 달러가 될 거라네. 일년 반 만에 말이야." 그 회사의 놀라운 성공 이야기를 들은 바 있었음에도 나는 그 회사를 그 사람과 연관지어 본 적이 없었다. 조사해 보니 이야기는 사실이었고, 앞서 말한 내용은 조금도 과장된 이야기가 아니었다.

17 자, 어떻게 생각하는가? 내 생각에 그는 실제로 무한한 마음(영)과 '직접 연결'되었다. 그런 뒤에 무한한 마음이 자신을 대신해서 일하게 했다. 그는 "우주의 마음을 자신의 사업에 활용했던" 것이다.

18 이 말이 신성 모독이라거나 불경스럽다고 생각하는가? 아니길 바란다. 그런 뜻으로 한 말은 아니다. '무한한 존재'라는 개념에서 인격화된 존재나 확대된 인간성 같은 것은 없애버리도록 하라. 그러면 무한한 힘을 가진 존재라는 개념만 남을 것이고, 그 존재의 본질은 의식, 곧 영이다. 이 사람의 경우도 결국은 그 영이 외부에 나타난 것으로 보아야 한다. 스스로 영혼인 그 사람이 그 기원이자 근원과 조화를 이루어, 그 힘의 극히 일부를 사용할 수 있었다는 생각은 전혀 신성 모독이 아니다. 우리 모두가 다소 차이는 있겠지만 창조적인 생각을 할 때 이렇게 하고 있다. 그는 이것을 더 많이 했고, 고도로 '실질적인' 방식으로 접근했을 뿐이다.

19 기회가 있다면 물어볼 생각이지만 나는 아직 그에게 어떤 방법으로 성공했는지 묻지 못했다. 그러나 내가 보기엔 이렇다. 그는 자신에게 필요한 아이디어(이것이 그가 이룬 성공의 씨앗이 되었다)를 무한한 존재에게서 얻어냈을 뿐 아니라, 실현하려는 소망의 이상적인 패턴을 찾아내는 데에도 창조적인 생각을 활용했다. 게다가 그 패턴을 차츰 개선해 나가면서 대략적이던 내용을 세부적인 부분까지 자세히 완성했다. 나는 이것이 사실이라고 생각한다. 2년 전에 그 사람과 나눈 대화를 기억하기 때문이기도 하지만, 창조적인 생각을 이와 비슷한 방법으로 실현한 여타 유명인의 경우도 마찬가지임을 알기 때문이다.

20 무한한 힘을 자신의 일에 이용한다는 생각에 몸을 움츠리는 사람은 무한한 힘이 조금이라도 반대한다면 결코 어떤 일도 일어날 수 없다는 점을 기억하도록 하자. 무한한 힘은 자신을 돌볼 줄 안다.

21 '영성'이란 매우 '실질적'이고, 아주 '실질적'이며, 지극히 '실질적'이다. 영성은 영혼이 실체요 전체이며, 물질은 변화하는 것, 즉 영혼이 뜻대로 창조하고 바꾸고 변형시킬 수 있는 것에 불과함을 가르쳐준다. 영성은 가장 '실질적'이다. 진정으로 또 절대적으로 '실질적인' 유일한 것이다!

22 이번에는 인간이 '영혼이 있는 몸'이 아니라 '몸을 가진 영혼'이라는 사실에 집중하자. 또한 바로 이런 이유 때문에 인간은 영적인 것이 아니면 무엇에서도 지속적인 만족을 얻지 못한다는 사실에 집중하자. 그러므로 돈이란 우리가 바라는 조건을 만들어낸다는 데 유일한 가치가 있는데, 이때 조건들은 반드시 조화로워야 한다. 조건들이 조화로우면 무엇이든 충분하게 공급되게 마련이므로, 만약 뭔가 부족한 것이 있다고 느껴진다면, 부의 핵심이 봉사임을 깨달아야 한다. 이러한 생각이 형상화되면서 공급 통로가 열리겠고, 당신은 영적인 방식이 매우 실질적이라는 사실에 만족하게 될 것이다.

질문과
대답

성공의 첫째 법칙은 무엇인가?
봉사.

최대한 봉사하는 방법은 무엇인가?
열린 마음을 가짐으로써. 목표보다는 경기 자체에 관심을 갖고,
소유보다는 추구하는 것 자체에 관심을 가짐으로써.

이기적인 생각의 결과는 무엇인가?
파멸의 싹이 생긴다.

가장 성공하는 방법은 무엇인가?
받는 것만큼이니 주는 것이 필요하다는 사실을 깨달으면 된다.

자산가들이 크게 성공하는 일이 많은 이유는 무엇인가?
스스로 생각하기 때문에.

전 세계 대다수의 사람들이 다루기 쉬운 상태에 머물면서 소수의
사람들의 도구가 되려고 애쓰는 듯 보이는 이유는 무엇인가?

소수의 사람들이 자신을 대신해서 생각하도록 방치하기 때문에.

슬픔이나 손해에 집중할 때 어떤 결과가 나오는가?
더 슬퍼지고 더 손해를 본다.

이득에 집중하면 어떻게 되는가?
더 많이 이득을 본다.

이 원칙이 사업에도 적용되는가?
이것은 사용될 수 있고, 또 사용되어 온 유일한 원칙이다. 다른 원칙은 없다. 이것을 무의식적으로 사용한다 해도 마찬가지이다.

이 원칙을 실질적으로 적용하는 방법은 무엇인가?
성공은 원인이 아니라 결과임을 알고, 결과를 얻고 싶다면 그런 결과를 만들어낼 원인, 즉 생각이나 아이디어를 알아내야 한다.

큰 생각으로 마음에 양식을 주라.
영웅이 될 수 있다고 믿어야 영웅이 된다.

| 디스레일리 Disraeli |

스물네 번째 7일

연금술

1 과학자들이 처음으로 태양계의 중심에 태양이 있고 지구가 그 주위를 돈다고 말했을 때 사람들은 매우 놀라고 당황스러워했다. 그 생각은 틀린 것이 분명해 보였다. 해가 하늘을 지나서 움직인다는 사실만큼 분명한 것도 없었다. 누구나 해가 서쪽 언덕에서 져서 바다로 잠기는 모습을 볼 수 있었으니까. 학자들과 과학자들은 이것이 어리석은 생각이라면서 거부했다. 그러나 증거가 생기자 결국 모든 사람의 마음이 바뀌었다.

2 우리는 종을 '소리나는 물건'이라고 하지만, 사실 종이 하는 일은 공기에 진동을 일으키는 것뿐이다. 이 진동이 초당 16회가 되면 귀에 들리게 된다. 또 우리는 초당 3,800번의 진동도 들을 수 있다. 진동수가 이보다 높아지면 다시 정적이 된다. 그러므로 우리는 소리가, 종이 아니라 우리 마음에 있음을 알게 된다.

3 우리는 태양이 '빛을 준다'고 말하고 실제로 그렇게 생각하기도 한다. 하지만 알다시피 태양은 단지 에너지를 줄 뿐이다. 그 에너지가 에테르[1]에 초당 400조(4×10의 14제곱)의 진동을 형성해서 우리가 말하는 광파光波가 된다. 그러므로 빛이라는 것은 단지 일종의 에너지일 뿐이고, 파장의 움직임에 의해서 마

---

[1] 에테르는 아인슈타인이 상대성 이론을 발표하고 그것이 사실로 받아들여지면서 무의미한 개념이 되어버렸다. 현대 물리학에서는 에테르를 논하지 않는다.—옮긴이

음에 일어나는 감각임을 알게 된다. 진동수가 증가하면 빛의 색이 변하는데, 이는 파장이 더 짧고 진동도 더 빠르기 때문이다. 따라서 장미를 빨갛다고, 잔디를 푸르다고, 하늘을 파랗다고 부르기는 하지만, 우리는 색깔은 그저 우리 마음속에 존재할 뿐이며 우리가 느낀 감각은 광파의 변화 때문임을 알고 있다. 진동수가 400조보다 낮아지면 더 이상 빛으로 느껴지지 않고 열로 느껴지게 된다. 그러므로 진실을 알려면 감각의 경험에 의존해서는 안 된다. 감각의 경험에 의존했다면, 우리는 태양이 움직이고, 지구가 둥글지 않고 평평하며, 별들이 거대한 항성이 아니라 작은 빛이라고 믿었을 것이다.

4 그렇다면 모든 형이상학의 이론과 실제 전체는 '우리 자신과, 우리가 살아가는 세계에 대한 진리를 아는 것'으로 좁혀진다. 또한 조화로워지려면 조화를 생각해야 하고, 건강해지려면 건강을 생각해야 하며, 풍요로워지려면 풍요를 생각해야 함을 아는 것도 이에 해당된다. 이렇게 하려면 감각의 증거를 뒤집어야 한다.

5 모든 형태의 질병, 부족, 한계가 단지 그릇된 생각의 결과임을 알 때, 당신은 "진리가 우리를 자유케 한다"는 사실을 알게 될 것이다. 어떻게 산을 옮길 수 있는지도 알게 될 것이다. 이 산들이 의심과 두려움, 불신, 기타 유사한 감정들만으로 이루

어진 것일지라도 그것은 실체이고, 따라서 없애버리기만 할 것이 아니라 바다 속에 던져버려야 한다.

6 정말로 해야 할 일은 이 말이 진실인지 스스로 확신하는 것이다. 이렇게 할 수 있게 되었다면 진리를 생각하는 일이 어렵지 않을 것이다. 그리고 앞서 살펴보았듯이 진리는 생명력이 있기에 스스로 현실로 나타날 것이다.

7 마음을 다스림으로써 병을 치유하는 사람들은 이 진리를 깨달은 사람들로, 자신의 삶과 다른 이들의 삶에서 이를 실제로 보여준다. 이들은 생명과 건강과 풍요가 어디에나 존재하며 모든 공간을 채우고 있음을 알게 되었고, 병이나 결핍이 나타나게 하는 사람은 아직 이 위대한 법칙을 깨닫지 못했다는 사실도 알게 되었다.

8 모든 조건(여건)은 생각의 창조물이고, 따라서 마음의 산물이므로, 질병과 결핍은 단지 진리를 깨닫지 못한 사람의 마음 상태를 나타낼 뿐이다. 마음 상태가 개선되는 순간 조건도 바뀔 것이다.

9 이렇게 하려면 고요한 상태에 들어가서 진리를 알아야 한다. 모든 마음은 하나로 연결되어 있으므로, 당신은 자신을 위

해서나 다른 사람을 위해서나 이렇게 할 수 있다. 원하는 조건의 심상을 만드는 법을 터득했다면, 그 방법이 가장 빠르고 쉽게 결과를 얻는 길이 되겠다. 하지만 터득하지 못했다면 논증을 통해서, 곧 당신의 주장이 진리임을 스스로 완전히 수긍하게 함으로써 결과를 얻을 수 있다.

10 기억하라. 이것은 가장 이해하기 어려우면서 동시에 가장 훌륭한 말이다. 문제가 무엇이든, 그것이 어디에 있든, 누가 영향을 받든, 문제는 당신 자신뿐임을 기억하라. 당신이 현실에 나타나기를 바라는 진리를 확신하기만 하면 된다는 말이다.

11 이것은 모든 형이상학 체계와 조화를 이루는 정확히 과학적인 말이다. 다른 방법으로는 지속적인 결과를 얻을 수 없다.

12 심상을 만드는 것이든, 논증이든, 자기 암시이든 모든 집중은 진리를 깨닫기 위한 도구에 불과하다.

13 누군가를 도와주고 싶거나, 부족함이나 한계나 잘못을 바로잡아주고 싶다면, 당신이 도우려는 그 사람을 생각하는 것은 올바른 방법이 아니다. 도와주겠다는 의도로도 이미 충분하다. 이렇게 하면 마음으로 그 사람과 연결되기 때문이다. 그런 뒤에 당신 마음속에서 부족이나 한계나 질병이나 위험이나 어려

움 따위를 지워버려라. 당신이 이것에 성공하자마자, 결과가 나타나 그 사람이 그런 문제들로부터 해방될 것이다.

14 그러나 생각이란 창조적임을 기억하라. 따라서 조화롭지 못한 조건들을 생각하게 될 때마다, 당신은 그 조건들이 외형일 뿐 실체가 아님을, 또한 영혼만이 실체이며 영혼은 완벽할 수밖에 없음을 깨달아야 한다.

15 모든 생각이 일종의 에너지이고 진동이지만, 진리에 대한 생각은 진동수가 가장 높아 어떤 종류의 거짓도 다 파괴한다. 마치 빛이 어둠을 없애버리듯이 말이다. '진리'가 나타나면 어떤 거짓도 남아 있을 수 없다. 그러므로 당신이 할 일은 진리를 이해하는 것이다. 그러면 당신은 모든 부족과 한계와 질병을 극복할 수 있게 될 것이다.

16 우리는 외부 세계에서는 진리를 이해할 수 없다. 외부 세계는 상대적일 뿐이다. 진리는 절대적이다. 그러므로 우리는 반드시 '내부 세계'에서 진리를 찾아야 한다.

17 진리를 볼 수 있게 마음을 단련하면 오직 참된 조건들만 나타나게 된다. 이렇게 할 능력이 얼마나 되는가가 우리의 발전 정도를 알려주는 지표가 될 것이다.

18 절대적인 진리는 '내'가 완벽하고 완전하다는 것이다. 참 '나'는 영혼이고, 따라서 완벽하지 않을 수가 없다. 영혼에는 어떤 부족도 한계도 질병도 없다. 천재적인 번쩍임은 뇌 분자가 움직이기 때문이 아니다. 그것은 우주의 마음과 하나인, 영적인 '나'에게 영감을 받아 나타나는 것이다. 영적인 '나'가 우주의 마음과 하나임을 깨달으면 모든 영감과 천재성을 얻게 된다. 그 효과는 멀리까지 미치고, 앞으로 올 세대들에게 영향을 준다. 그것은 수백만의 사람들이 따라갈 길을 알리는 불기둥인 것이다.

19 진리는 논리적인 훈련이나 실험, 관찰의 결과가 아니다. 진리는 고양된 의식에서 나온다. 카이사르^{Caesar}가 지닌 내면의 진리는 그의 태도와 삶과 행동에 나타난다. 사회의 형태와 발전에 미친 그의 영향력에 나타난다. 당신의 삶과 행동, 그리고 세상에 미치는 영향력은 당신이 진리를 깨달은 정도에 따라서 달라질 것이나. 진리는 신앙이 아니라 행실에 나타나기 때문이다.

20 진리는 성격에 나타난다. 사람의 성격은 자기가 믿는 종교나 자기가 진리라고 믿는 것에 대한 판단이고, 이는 다시 자기가 가진 것의 특성으로 증명된다. 어떤 사람이 자기 운명의 흐름을 불평한다면, 이는 명백하고 거부할 수 없는 타당한 진리

를 부정하는 것처럼 부당한 일이다.

21 환경과 숱한 상황과 사건 들은 이미 잠재 의식적인 인격 안에 존재하는데, 이것은 그와 유사한 심적·물질적인 것들을 끌어당긴다. 따라서 미래는 현재에 근거하여 결정되고 있다. 만일 우리 삶에서 어떤 부당한 측면이 눈에 띈다면, 반드시 내부에서 원인을 구하고, 외부 결과를 만들어낸 심적인 요인을 발견하려고 노력해야 한다.

22 바로 이런 진리가 당신을 '자유롭게' 할 테고, 이를 의식적으로 알게 됨으로써 당신은 모든 어려움을 극복할 수 있게 될 것이다.

23 외부 세계에서 만나는 조건들은 틀림없이 내부 세계에서 만들었던 조건들의 결과이다. 따라서 마음속에 완벽한 이상을 간직함으로써 이상적인 여건을 만들어낼 수 있다.

24 불완전하고 상대적이고 제한적인 여건들만 본다면 그런 여건들이 나타난다. 그러나 마음을 단련하여 영적인 자아, 곧 영원히 완벽하고 완전한 존재인 '나'를 보고 깨닫는다면, 조화롭고 온전하고 건강한 여건들만 나타난다.

25 생각은 창조적이며 진리는 인간이 생각할 수 있는 가장 완벽하고 고귀한 대상이므로, 진리를 생각하면 진실한 것을 창조하게 되리라는 점은 자명하다. 또한 진리가 나타나면 거짓은 사라질 수밖에 없다는 것도 분명하다.

26 우주의 마음은 존재하는 모든 마음의 합이다. 영혼은 마음이다. 영혼에는 지능이 있기에. 영혼과 마음은 동의어이다.

27 우리가 이겨내야 하는 어려움은 마음이 개별적이지 않음을 깨닫는 일이다. 마음은 어디에나 존재한다. 모든 곳에 존재한다. 다시 말해서 마음이 존재하지 않는 곳은 없다. 그러므로 마음은 보편적이다.[2]

28 인간은 지금까지 이 우주 창조의 원리를 가리키는 말로 '신'이라는 단어를 사용해 왔다. 그러나 '신'이라는 말은 적절한 의미를 전달하지 못한다. 대다수 사람들은 이 말이 외부에 존재하는 대상을 의미한다고 생각한다. 그러나 실상은 정반대다. 그것은 바로 우리의 생명이다. 그것이 없이는 살아갈 수 없다. 죽을 것이다. 영혼이 몸을 떠나는 순간 우리는 무無이다. 그러므로 영혼이 바로 우리의 전부이다.

---

[2] 영어에서는 보편적이라는 말의 universal이 '우주의'라는 의미로도 쓰인다.—옮긴이

29 그런데 영혼이 하는 유일한 활동은 생각하는 일이다. 따라서 생각은 창조하는 것이 분명하다. 영혼이 창조하기 때문이다. 이 창조의 힘은 누구에게나 있다. 생각하는 능력이란 곧 이 힘을 제어해서 자신과 타인을 위해 사용할 줄 아는 능력이다.

30 이 말이 진실임을 깨닫고 이해하고 받아들일 때, 당신은 마스터키(만능 열쇠)를 갖는 셈이다. 그러나 이를 이해할 정도로 지혜롭고, 증거의 무게를 달아볼 만큼 포용력 있고, 자신의 판단을 따를 만큼 단호하고, 필요한 희생을 견딜 만큼 강한 사람만이 문을 열고 들어가 나누어 가질 수 있음을 기억하라.

31 이번에는 우리가 사는 세상이 참으로 훌륭한 곳이고, 당신이 훌륭한 존재이며, 많은 사람들이 진리에 대한 지식에 눈뜨고 있음을 깨달으려 노력하라. 또한 사람들이 "그들을 위하여 준비된 모든 것"을 깨닫고 알게 되는 순간, 그들 역시, 약속의 땅에 있는 빛나는 것들이 "눈으로도 보지 못하고 귀로도 듣지 못하고 사람의 마음으로도 생각지 못하는" 것임을 깨닫게 될 것이다. 그들은 심판의 강을 건넜고, 참과 거짓을 구분할 수 있는 곳에 이르렀으며, 꿈꾸고 뜻했던 모든 것이 찬란한 실상에 비하면 한 점에 불과했음을 깨닫게 될 것이다.

질문과
대답

모든 형이상학 체계의 이론과 실제는 무엇에 달려 있는가?
자신과 자신이 살아가는 세상에 대한 '진리'를 아는 것.

자신에 대한 '진리'란 무엇인가?
참 '나'는 영적이고, 따라서 완벽하지 않을 수 없다.

모든 그릇됨을 없애는 방법은 무엇인가?
나타나길 바라는 여건에 관한 '진리'를 완벽하게 확신하면 된다.

다른 사람 대신에 이런 일을 할 수 있나?
우리는 우주의 마음 안에서 살아가며, 우주의 마음은 하나이고 분리될 수 없으므로, 자신은 물론 다른 사람도 도와줄 수 있다.

우주의 마음은 무엇인가?
모든 마음의 합이다.

우주의 마음은 어디에 존재하는가?
우주의 마음은 어디에나 존재한다. 그러므로 그것은 우리 안에도 있다. 우주의 마음은 '내부 세계'이다. 우리의 영혼이요 생명이다.

우주의 마음의 본질은 무엇인가?
우주의 마음은 영적이고, 따라서 창조적이다. 그것은 외부 형상으로 나타나려고 한다.

우리가 우주의 마음에 작용하는 방법은 무엇인가?
생각하는 능력으로 우주의 마음에 작용한다. 그것은 자신과 남을 위해 우주의 마음이 외형으로 나타나게 하는 능력이다.

여기서 생각이란 무엇을 의미하는가?
분명한 목적을 염두에 둔, 명확하고, 결단력 있고, 고요하고, 신중하고, 일관된 생각을 말한다.

그 결과는 무엇인가?
"일을 하는 것은 내가 아니요 내 안에 거하는 '아버지'시니라"라고 말할 수 있게 된다. '아버지'가 우주의 마음이고, 그가 진실로 당신의 내부에 거한다는 사실을 알게 된다. 다시 말해서 성경에 나타난 놀라운 약속이 사실이요 거짓이 아니라는 점과, 충분한 이해력만 있으면 누구에게나 이를 증명해 보일 수 있다는 점을 깨닫게 될 것이다.

샨티의 뿌리회원이 되어
'몸과 마음과 영혼의 평화를 위한 책'을 만들고 나누는 데
함께해 주신 분들께 깊이 감사드립니다.

개인

이슬, 이원태, 최은숙, 노을이, 김인식, 은비, 여랑, 윤석희, 하성주, 김명중, 산나무, 일부, 박은미, 정진용, 최미희, 최종규, 박태웅, 송숙희, 황안나, 최경실, 유재원, 홍윤경, 서화범, 이주영, 오수익, 문경보, 여희숙, 조성환, 김영란, 풀꽃, 백수영, 황지숙, 박재신, 염진섭, 이현주, 이재길, 이춘복, 장완, 한명숙, 이세훈, 이종기, 현재연, 문소영, 유귀자, 윤홍용, 김종휘, 보리, 문수경, 전장호, 이진, 최애영, 김진회, 백예인, 이강선, 박진규, 이욱현, 최훈동, 이상운, 김진선, 심재한, 안필현, 육성철, 신용우, 곽지희, 전수영, 기숙희, 김명철, 장미경, 정정희, 변승식, 주중식, 이삼기, 홍성관, 이동현, 김혜영, 김진이, 추경희, 해다운, 서곤, 강서진, 이조완, 조영희, 이다겸, 이미경, 김우, 조금자, 김승한, 주승동, 김옥남, 다사, 이영희, 이기주, 오선희, 김아름, 명혜진, 장애리, 신우정, 제갈윤혜, 최정순, 문선희

단체/기업

주)김정문알로에   한강재단   design Vita   PN풍년
(사)한국가족상담협회·한국가족상담센터   생각과 끈 소아청소년 성인 몸 마음 클리닉
경일신경과 I 내과의원   순수피부과   월간 풍경소리   FUERZA

이메일로 이름과 전화번호, 주소를 보내주시면 샨티의 신간과 각종 행사 안내를 이메일로 받아보실 수 있습니다.

전화 : 02-3143-6360 팩스 : 02-6455-6367
이메일 : shantibooks@naver.com